C.L.R.

Janine et Jean-Claude Lucas
Jérôme Rosa
Professeurs des écoles

Trois types de dictées pour l'aide
personnalisée et l'approfondissement

EDUCATION

Responsable de projets : Valérie Dumur
Création de la couverture et maquette intérieure : Estelle Chandelier
Mise en page : Exegraph
Illustration : Élodie Balandras

Cet ouvrage est imprimé sur du papier
composé de fibres naturelles, renouvelables,
recyclables, et fabriqué à partir de bois issu de forêts
gérées de façon durable conformément
à l'article 206 de la loi n° 2010-788
du 12 juillet 2010.

ISBN : 978-2-01-117526-7
© Hachette Livre 2010, 43, quai de Grenelle, F 75905 Paris Cedex 15
www.hachette-education.com

Préface

À chaque étape de la scolarité, il est indispensable de vérifier le niveau des acquisitions orthographiques et de renforcer celles-ci. La dictée est, dès lors, l'une des étapes indispensables entre l'application ponctuelle de règles ou la mémorisation de mots d'usage et la rédaction libre d'une phrase ou d'un texte.

Cet ouvrage propose donc de mettre en place une stratégie de la réussite articulée autour de quatre points : répertoire orthographique, autodictées, dictées quotidiennes et dictées.

Compatible avec n'importe quelle méthode, il est utilisable par le maître comme par l'élève. Il a été conçu pour permettre aussi bien les acquisitions fondamentales que les activités de soutien ou d'approfondissement.

Nous souhaitons ainsi offrir aux enseignants comme aux parents un outil simple et efficace.

Les auteurs

Comment utiliser cet ouvrage ?

Cet ouvrage s'articule autour des points suivants :

Répertoire orthographique

Nous présentons un ensemble de mots dont la connaissance, tant du point de vue du sens que de l'orthographe, nous paraît importante en fin de scolarité primaire. Il est bien évident que les listes données ne sont pas exhaustives.

Ce répertoire pourra être utilisé à plusieurs niveaux :
– apprentissage systématique, afin de disposer de mots repères pour les dictées ;
– travail de vocabulaire (à dessein, nous ne donnons aucune indication de sens afin d'inciter l'élève à une recherche individuelle).

Les mots proposés constituent à la fois des repères orthographiques (accusé, accrochage) et des outils indispensables à la maîtrise de l'écrit (mots invariables).

Le classement adopté est le suivant :
– noms (au singulier) ;
– adjectifs qualificatifs (au masculin singulier) ;
– mots invariables (adverbes, prépositions...) ;
– verbes (à l'infinitif).

Dans ce chapitre sont également incluses des listes d'homonymes. Nous avons choisi ceux-ci parmi les confusions les plus courantes en excluant certaines homonymies grammaticales (ex. : on – ont) et les homonymes homographes (ex. : un voile – une voile), ces derniers ne présentant pas de difficultés orthographiques.

Autodictées

Écrire un texte préalablement mémorisé est un exercice qui inclut à la fois un travail sur l'orthographe, une imprégnation des structures syntaxiques et, selon le choix du texte, un enrichissement des connaissances générales. Un travail de ce type, hebdomadaire ou bimensuel, en rapport avec les autres activités de la classe, semble donc souhaitable.

Dictées quotidiennes

Il est difficile pour un enseignant de donner plus d'une dictée « longue » par semaine : préparation, correction, exploitation nécessitent beaucoup de temps. Pourtant, la dictée doit être une activité quotidienne afin que l'élève mobilise et utilise en permanence ses acquis.

Nous présentons donc des dictées très courtes, sur des sujets variés ; elles pourront fort bien commencer chaque journée et offrir une introduction ou un prolongement à d'autres activités.

Préparations de dictées

Dans ce chapitre, nous proposons un travail de préparation sur des dictées qui figurent dans la dernière partie. Les exercices portent sur le vocabulaire, l'orthographe et la conjugaison ; ils permettront à la fois de vérifier les acquisitions et d'éliminer certaines difficultés avant d'aborder la dictée.

Dictées

Elles figurent en grand nombre et offrent ainsi un large choix. Nous avons délibérément mêlé textes d'auteurs et dictées axées sur des points particuliers d'orthographe ou de conjugaison. Ces dernières devraient être une étape entre les exercices systématiques et l'expression écrite.

Les dictées sont classées par thèmes. Toutefois, une table des matières détaillée permet de choisir une dictée portant plus particulièrement sur un sujet d'orthographe ou de conjugaison.

De nombreuses dictées sont suivies de questions ou d'une proposition d'exploitation. Lorsqu'une dictée est préparée, cette mention figure à côté du titre.

Afin que chacun puisse choisir un texte en fonction des notions qu'il souhaite aborder, les dictées proposées sont classées dans la table des matières en trois parties :

1. Conjugaison – 2. Orthographe – 3. Thèmes (vocabulaire).

En marge de chaque dictée figure un récapitulatif des principaux points de conjugaison et d'orthographe abordés dans le texte. Il n'a pas vocation à être exhaustif.

Table des matières

Rappel. Tous les points d'orthographe ou de conjugaison traités dans une dictée ne peuvent évidemment pas être cités dans l'en-tête.

CONJUGAISON	NUMÉROS DE DICTÉES
indicatif	On trouvera dans chaque thème un large choix des temps de l'indicatif
impératif	249, 318, 320, 334, 344
conditionnel	224, 228, 298, 379, 453, 455

ORTHOGRAPHE	NUMÉROS DE DICTÉES
et/est	226, 266, 268, 290, 301, 345, 347, 349, 402, 416, 418, 420, 444, 446, 452
a/à	273, 356, 357, 368, 372, 402, 403, 451, 457
on/ont	251, 257, 302, 308, 373, 374, 432, 434
son/sont	346, 402, 403, 428
ou/où	348, 364, 373, 383, 456
ce/se – c'/s'	242, 370, 387, 389, 391, 424
on/on n'	300, 302, 331, 332, 351, 434
mais/mes	250
ces/ses/c'est/s'est	238, 293, 299, 336, 358, 365, 366, 381, 393, 410, 440
c'était/s'était	248, 316
c'était/c'étaient	243
dont/donc	287, 362, 396
tout/tous	313, 414
ce/ceux	401
leur/leurs	285, 311, 406, 417, 419, 425, 426, 454
si/s'y – ni/n'y	253, 275, 453
dans/d'en – sans/s'en	241, 275, 352
quel/quelle/qu'elle	255, 331, 432
la/l'a/là	274, 301, 309, 344

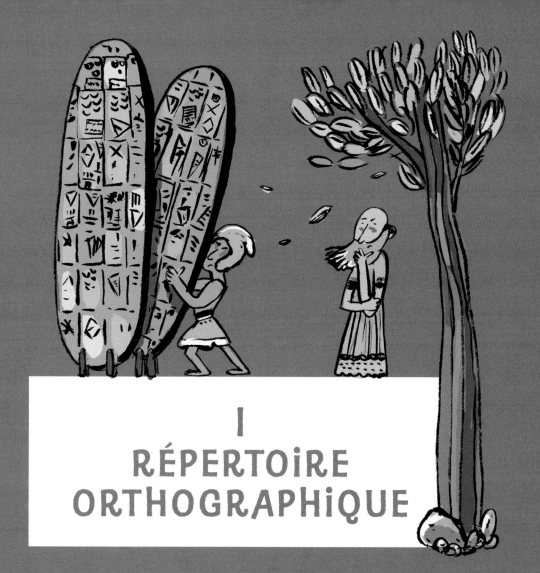

I
RÉPERTOIRE
ORTHOGRAPHIQUE

NOMS

un abattoir	un banc	un canoë
un abcès	un bandit	un danger
un abîme	un banquier	un dé
un aboiement	un baptême	un débat
l'abolition	un barrage	un début
l'abondance	un cadran	une déception
un abreuvoir	un caillou	un décès
un abricot	un calendrier	un défaut
un abus	une calomnie	un défenseur
une allumette	un camp	un défi
une baguette	un canard	un degré
une balance	un candidat	un délai

ADJECTIFS QUALIFICATIFS

abondant	bagarreur	cher
abrupt	bizarre	circonflexe
abstrait	blond	circulaire
accessible	bruyant	dangereux
accroupi	certain	délicat

MOTS INVARIABLES

à travers	afin	alors
abondamment	affreusement	apparemment
absolument	ailleurs	après
actuellement	ainsi	assez

VERBES

abaisser	absorber	balancer
abandonner	accabler	balbutier
aboutir	applaudir	ceindre
abriter	approfondir	cesser

HOMONYMES

un bal – une balle	la plaine – pleine	un pot – la peau
un jet – un geai	une poêle – un poil	près – prêt

NOMS

une accalmie	un échec	une habitation
un accent	un écho	un iceberg
un accès	une économie	un idéal
une barrière	une écorce	un kangourou
un bâtiment	un fabricant	la mâchoire
un cantonnier	une façade	un maçon
le caoutchouc	la gaieté	le miel
un délice	une galerie	une miette
la demeure	la gamme	un militaire
la dentelle	un gant	une nageoire
le départ	un gâteau	la naissance
une écaille	l'habileté	la naïveté
un échantillon	un habit	la natation

ADJECTIFS QUALIFICATIFS

absent	effrayant	imaginaire
demi	facile	immense
différent	faible	immobile
discret	familial	impair
efficace	gai	jaloux

MOTS INVARIABLES

au-dessous	auprès	automatiquement
au-dessus	aussi	autour
aujourd'hui	aussitôt	autrefois
auparavant	autant	avant

VERBES

lâcher	manier	nager
lécher	manœuvrer	naître
maintenir	manquer	nettoyer

HOMONYMES

une ancre – l'encre	une patte – une pâte	le lait – laid –
un cygne – un signe	le poids – un pois	les – une laie

NOMS

la capacité	un gaz	une oasis
un caprice	une habitude	un objet
la carapace	une hache	le paiement
une caresse	une idée	la paille
un cargo	un kayak	la paix
une carotte	un képi	un pamplemousse
un carrefour	un magasin	une panne
un cas	un magazine	un panneau
un championnat	un maillon	un panorama
un dépôt	un maillot	un pansement
un écran	le maïs	une panthère
un écrivain	une majuscule	une pantoufle
une façon	un nerf	un paon

ADJECTIFS QUALIFICATIFS

long	pareil	sain
paisible	physique	sensible
pâle	qualificatif	sérieux
palpitant	radieux	terrestre
parallèle	raide	végétal

MOTS INVARIABLES

avec	ceci – cela	comme
beaucoup	cependant	contre
bientôt	chez	dans
brusquement	combien	d'abord

VERBES

paraître	quitter	ranger
parcourir	rafraîchir	rappeler
payer	ramasser	rassembler

HOMONYMES

un coup – le coût – le cou	un palais – un palet	un ver – un verre – vers – vert
une datte – la date	le sang – sans	
	sur – sûr	

NOMS

une faiblesse	le gazon	un hameau
la faim	le gazouillement	un hameçon
un fait	la gelée	l'identité
une falaise	une haie	un igloo
la famille	la haine	une île
une gazelle	une haleine	un jaguar
une jambe	un marais	un paquet
une kermesse	un marchand	un parapluie
un malheur	la neige	un parc
un mammifère	un observatoire	un parcours
une mangeoire	un obstacle	un parent
un manuel	un papillon	un quadrillage
le maquis	un paquebot	le quai

ADJECTIFS QUALIFICATIFS

familier	habile	imperméable
fantastique	hebdomadaire	important
fatal	ignorant	jeune
généreux	illustre	natal
gentil	impatient	naturel

MOTS INVARIABLES

d'accord	dehors	derrière
davantage	déjà	dessus
debout	demain	désormais
dedans	depuis	dès que

VERBES

fabriquer	ignorer	obéir
se fâcher	jaillir	observer
garantir	jeter	pâlir
habiller	jeûner	ruer

HOMONYMES

un col – la colle	une fête – un faîte	du pain – un pin
un coq – une coque	la guerre – guère	un cahot – le chaos

NOMS

un accessoire	un effet	une marionnette
un accident	un fascicule	un marron
un accompagnateur	une illusion	le matériel
un accord	une illustration	le nettoiement
un bâton	un îlot	le neveu
un bazar	l'immensité	une occasion
un casque	un kilogramme	un océan
une casserole	un laboratoire	la paresse
une cathédrale	un labyrinthe	un parfum
une cédille	un lac	la paroi
une cellule	un lâche	le parquet
le désir	le marché	le parrain
un écureuil	la marée	une part

ADJECTIFS QUALIFICATIFS

admirable	effrayant	géant
boueux	fatigant	impossible
bouillant	faux	imprévu
divers	favori	laborieux
efficace	féroce	magique

MOTS INVARIABLES

devant	dorénavant	ensuite
différemment	durant	envers
donc	également	exprès
dont	enfin	généralement

VERBES

accepter	découvrir	éclaircir
accorder	ébahir	faciliter
décoller	éblouir	ignorer

HOMONYMES

le cœur – le chœur	une plainte	un seau – un sceau –
le coin – le coing	une plinthe	un sot – un saut

NOMS

le paradis	un pavé	le raisin
un partenaire	un pays	un rameau
un parti	la qualité	une rampe
un passage	la quantité	une rançon
une passion	un rabot	un sac
un pâté	une race	un sacrifice
la patience	une racine	une saison
un patin	une rafale	un salaire
un pâtissier	la rage	un sandwich
la paupière	la raie	le tabac
un tabouret	un tambour	un vaccin
un taillis	un tapis	un vagabond
le talent	un uniforme	la vaillance
un talus	une unité	un vaisseau

ADJECTIFS QUALIFICATIFS

quelconque	saccadé	solaire
quotidien	sévère	solitaire
raisonnable	simple	tranquille
récent	sincère	transparent
reconnaissant	singulier	vieux

MOTS INVARIABLES

gravement	ici – là	jadis
guère	immédiatement	jamais
hélas	imprudemment	joyeusement
hier	indépendamment	Jusque

VERBES

peindre	réconcilier	scintiller
rattraper	rétrécir	se taire
rayer	saccager	supprimer
récompenser	saisir	tenter

HOMONYMES

une chaîne – un chêne	une tante – une tente	la chair – cher
la fin – la faim	le houx – où – ou	la morale – le moral

NOMS

un accrochage	un centime	un éléphant
un accueil	une céréale	l'émail
un accusé	une cérémonie	une épée
l'acier	un chagrin	la fascination
une acrobatie	un chalet	un fauteuil
une activité	un chameau	un fauve
une addition	un chamois	une fée
la beauté	une description	une femelle
le bénéfice	le dessert	la gencive
le berceau	le destinataire	un gendarme
la berge	un détail	un général
le besoin	un effort	un haricot
la cendre	l'égoïsme	une harmonie

ADJECTIFS QUALIFICATIFS

adroit	distrayant	épais
adverse	dix	essentiel
affectueux	égoïste	fertile
bref	électrique	fidèle
brumeux	élégant	gourmand

MOTS INVARIABLES

jusqu'à	longtemps	mais
là-bas	longuement	malgré
la plupart	lorsque	malheureusement
loin	maintenant	même

VERBES

acclamer	clouer	déjeuner
accuser	coiffer	démêler
balayer	compter	échapper
bouillonner	conclure	éclore

HOMONYMES

un cerf – un serf	un compte – un conte –	le sol – la sole
un hêtre – un être	un comte	le foie – une fois – la foi
la soie – soi		

NOMS

un génie	un mât	le pelage
la géographie	le nez	une pelle
l'importance	un nid	une pellicule
un incendie	une nièce	une pension
un jambon	un niveau	le quart
la jetée	un nœud	une randonnée
un jeu	une occupation	une rangée
un kiosque	un paysage	la rapidité
une lame	un paysan	un rapport
une lampe	une pêche	un rat
une lance	un peigne	un râteau
le langage	la peine	un sanglier
une massue	la peinture	un tarif

ADJECTIFS QUALIFICATIFS

imprudent	laid	plat
inactif	lamentable	plein
inattendu	limpide	pratique
joyeux	magnifique	remarquable
juteux	natif	ridicule

MOTS INVARIABLES

merveilleusement	naguère	parce que
mieux	néanmoins	parfois
moins	négligemment	parmi
moyennement	nullement	particulièrement

VERBES

illuminer	nourrir	permettre
imiter	s'obstiner	reconnaître
joindre	prendre	recueillir

HOMONYMES

un champ – le chant	un maître – le mètre	un pair – une paire –
un point – le poing	une salle – sale	le père

NOMS

un empereur	la hâte	une noix
un emplacement	la hauteur	une odeur
un emploi	un incident	un œil
une empreinte	une incisive	la pente
une enclume	un inconvénient	un pépin
une encyclopédie	l'indépendance	une perdrix
une femme	une indication	la perfection
une fenêtre	la jeunesse	une performance
le fer	un jockey	une permanence
une gerbe	un match	un perroquet
un geste	le matin	le persil
le gibier	la mécanique	le personnel
un hasard	un médecin	un quartier

ADJECTIFS QUALIFICATIFS

gracieux	incompréhensible	maladroit
gras	inconnu	malhonnête
gratuit	indécis	masculin
grisâtre	maigre	naturel
incapable	majeur	nécessaire

MOTS INVARIABLES

partout	plusieurs	pourvu que
pendant	plutôt	précédemment
peu	pourquoi	presque
peut-être	pourtant	puisque

VERBES

s'écrier	embrasser	garantir
effacer	faciliter	gaspiller
effaroucher	faillir	jongler
embarquer	falloir	juger

HOMONYMES

un brin – brun	un ton – un thon	une selle – du sel – celle
la forêt – un foret	le maire – la mère –	
un puits – puis	la mer	

NOMS

une langouste	un membre	une oie
une lanterne	une ménagère	un pétale
la lavande	un mendiant	un peuplier
une leçon	le menton	la peur
une légende	un menuisier	un phare
le lendemain	un message	une pharmacie
la lenteur	un nom	un philosophe
un léopard	le nord	une question
une médaille	un notaire	un ravin
la mélancolie	un nourrisson	une réalité
un mélange	un œuf	un rébus
un mélèze	une œuvre	une recette
une mélodie	un officier	un récit

ADJECTIFS QUALIFICATIFS

loquace	négatif	stable
loyal	nerveux	vif
lugubre	roux	vigoureux
maternel	sourd	vilain
mauvais	souriant	violent

MOTS INVARIABLES

quand	récemment	sauf
quelquefois	réellement	selon
quoi	rien	sinon
quoique	sans	sitôt

VERBES

se mêler	nuire	peupler
menacer	obtenir	rééditer
mener	perfectionner	réfléchir
se noyer	pétiller	remercier

HOMONYMES

le teint – le thym	un pou – le pouls	mai (le mois) – mais –
un juré – jurer	une voie – la voix	un mets

NOMS

un adhérent	une giboulée	un orchestre
un adieu	un gigot	un phoque
une administration	un hebdomadaire	la photographie
le bétail	un immeuble	une phrase
une betterave	un indice	un piano
le beurre	un individu	un pic
la chair	la joie	une pièce
un champignon	le mercure	un pied
un chapitre	le métal	une queue
un chariot	un métier	un ravin
une détonation	un microbe	une réalité
un détour	une miette	un récit
un détroit	un noyau	une récompense
un deuil	une ombre	un tas

ADJECTIFS QUALIFICATIFS

brusque	flexible	indulgent
clair	grossier	maximum
combatif	indifférent	méchant
comique	indigné	obscur
fier	indispensable	précieux

MOTS INVARIABLES

soudain	tant	trop
souvent	tantôt	violemment
surtout	tard – tôt	voici – voilà
tandis que	toujours	volontiers

VERBES

accommoder	déployer	lier
balayer	embellir	mettre
condamner	fendre	occuper

HOMONYMES

il joue – la joue – le joug	le mâle – le mal – une malle	un pore – un porc – un port
un dessin – un dessein	le capital – la capitale	une tache – une tâche

II
AUTODICTÉES

1 L'ordinateur

Un ordinateur ne peut pas comprendre toutes les nuances du langage humain. On lui donne donc simplement deux instructions simples : on lui dit quoi faire et où le faire.

2 L'énergie marine

L'énergie des mers est une énergie renouvelable. Elle provient par exemple de la force des marées, des courants marins ou du mouvement des vagues. L'utilisation de l'énergie marémotrice n'est pas nouvelle : les premiers moulins à marée ont été construits au Moyen Âge en Bretagne.

3 La lumière du jour

La lumière du jour apparaît tout à fait blanche, mais elle est en réalité composée d'un mélange de sept lumières différentes : rouge, orange, jaune, vert, bleu, indigo et violet. C'est en observant un arc-en-ciel que l'on peut vérifier la décomposition de la lumière solaire en bandes colorées.

4 La pollution de l'eau

Chaque été, des dizaines de milliers de tonnes d'algues vertes se décomposent sur le littoral, des pollutions d'origine agricole [...]. Le gouvernement a promis un « plan global de lutte » contre ce risque sanitaire réel.

Ouest France, 29 janvier 2010.

5 Les déchets

Il existe de nombreux types de déchets, depuis les ordures ménagères jusqu'à la pollution industrielle. Les déchets particulièrement dangereux sont appelés « déchets toxiques ». Ils contiennent des produits chimiques très nuisibles pour l'homme et l'environnement.

6 L'éco-emballage

Un emballage bien étudié génère des économies incroyables ! Des emballages plus petits, c'est moins de palettes, moins de camions sur les routes et donc moins de pollution.

Éco Junior, n° 26, janvier 2010.

7 Le pirate

Barbe Noire était un pirate anglais qui régna par la terreur sur les Caraïbes de 1716 à 1718. Avant chaque combat, il allumait des mèches de poudre à canon dans son abondante barbe noire, ce qui lui valut son surnom.

8 Le chat

Le mien ne mange pas les souris ; il n'aime pas ça. Il n'en attrape que pour jouer avec. Quand il a bien joué, il lui fait grâce de la vie, et il va rêver ailleurs, l'innocent, assis dans la boucle de sa queue, la tête bien fermée comme un poing. Mais à cause des griffes, la souris est morte.

J. RENARD, *Histoires naturelles*.

9 Le piano

Le facteur et restaurateur de pianos est maître de trois spécialités : celle du bois, du métal et de la mécanique. Pour la fabrication des pianos neufs, les étapes sont confiées à chaque spécialiste. Pour la restauration, par contre, l'artisan doit toutes les maîtriser, y compris l'harmonisation et l'accordage.

10 Les nuages

Les nuages se présentent sous des formes très variées, qu'une observation superficielle ne permet pas toujours de distinguer. Les formations nuageuses peuvent en fait être réparties en deux « familles » principales : les cumulus, gros nuages arrondis, et les stratus qui présentent l'aspect d'un voile continu.

11 Les gorilles

Les gorilles passent environ 40 % de leur temps à se reposer, 30 % à se déplacer et 30 % à se nourrir. Ils continuent même à s'alimenter en marchant, arrachant çà et là des chardons, des feuilles d'ortie, de céleri ou des morceaux d'écorces et de racines d'arbres.

12 Des bâtisseurs de récifs

Contrairement à ce que l'on croit généralement, les coraux ne sont pas des roches, mais de minuscules animaux qui se fabriquent une coquille en calcaire. Ils vivent dans les mers chaudes et les milliards de coquilles finissent par former des récifs de corail.

13 Bien se nourrir

Le nombre de petits obèses est en progression constante. De nombreux facteurs entrent en jeu. D'abord l'hérédité : le risque est plus important si les parents sont gros. Une alimentation déséquilibrée, des soucis ou une faible activité physique peuvent aussi être à l'origine des kilos superflus.

14 Le papyrus

La feuille de papyrus provient d'un roseau qui poussait sur les rives du Nil. On superposait plusieurs couches de fibres de sa tige. Puis, on les martelait pour les aplatir et former une feuille qu'on laissait sécher. On la polissait ensuite pour obtenir une surface lisse, propre à l'écriture.

15 L'Europe

L'Europe se distingue des autres continents par sa petite taille et ses limites imprécises. Elle présente un relief très varié et des climats très différents. L'Europe est morcelée en 46 États. Ceci explique la grande diversité des peuples européens.

16 Les boîtes noires

Bien que les boîtes noires d'un avion soient en réalité de couleur orange ou rouge, cette dénomination vient de l'anglais « Black Box ». En effet, les Anglais utilisent souvent l'adjectif « Black » pour qualifier ce qui est secret, camouflé, donc hors de la vue des gens.

17 Les grandes agglomérations

Depuis plusieurs décennies, la population urbaine est en rapide accroissement : les villes sont de plus en plus grandes.
En Amérique du Sud, en Asie et en Afrique, des millions de personnes quittent les campagnes dans l'espoir de trouver un emploi en ville. Elles s'entassent dans des bidonvilles, quartiers misérables, sans eau potable.

18 La ville

Le paysage de la ville contraste dans tous ses aspects avec celui de la campagne : maisons serrées et immeubles à plusieurs étages, agglomération importante de personnes sur un espace limité et agitation des rues avec, la plupart du temps, les inconvénients du bruit et de la pollution de l'air.

19 La bataille d'Alésia

Pour encercler Vercingétorix dans Alésia, César ordonne la construction d'une double fortification. La première orientée vers l'oppidum pour empêcher les Gaulois assiégés de sortir, la seconde, tournée vers l'extérieur pour résister à une armée de secours.

20 L'Afghanistan

La moitié du pays est occupée par des plateaux et d'imposantes montagnes. Le plus haut sommet atteint 7 485 mètres. Au nord du pays s'étendent des plaines et des collines fertiles. Une grande partie des ressources agricoles de l'Afghanistan vient de cette région.

21 Les premières plantes

Les premières plantes cultivées étaient des plantes à graines, notamment des plantes céréalières : blé, orge, pois, mil, riz, ou encore maïs en Amérique. Ces cultures permettaient une production alimentaire plus importante, donc le stockage.

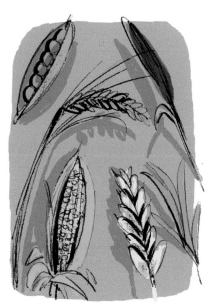

22 Les zones climatiques

Les grandes zones climatiques sont disposées de chaque côté de l'équateur. Entre les tropiques, ce sont les zones chaudes où les saisons sont marquées par les pluies. Entre les tropiques et les cercles polaires, ce sont les zones tempérées où les saisons sont dues aux températures. Au-delà des cercles polaires, ce sont les zones froides.

23 L'aide humanitaire

C'est une forme de solidarité envers les populations pauvres, sinistrées ou confrontées à une guerre. Cette aide cherche à répondre à des besoins divers : faim, santé, reconstruction après un sinistre, éducation, protection des enfants, mise en place de réseaux d'eau et de communication…

24 L'Union européenne

L'Union européenne regroupe actuellement vingt-sept pays d'Europe. Cette union économique et politique a pour objectif d'éviter les guerres, de défendre la démocratie et les droits de l'homme, d'encourager efficacement la prospérité et la paix.
Dans les pays les plus riches de l'Union, la richesse par habitant est entre 100 et 350 fois plus élevée que dans la plupart des pays d'Afrique.

25 Le Parlement européen

Le Parlement européen examine les propositions de directives et de règlements. De plus en plus actif, il contrôle la Commission et vote le budget communautaire. Il est composé de plus de 700 députés, élus pour cinq ans, qui représentent les pays de l'Union. Strasbourg est le siège du Parlement européen.

26 L'exil

Victor Hugo, en exil, vécut 15 ans sur l'île de Guernesey qu'il qualifia de sévère et douce à la fois. Il dédicaça un de ces romans à ce « rocher d'hospitalité ».

27 Les galaxies

Les galaxies sont d'immenses groupements d'étoiles, de gaz et de poussières. Une galaxie est formée de cent mille étoiles pour les plus petites à trois milliards d'étoiles pour les plus importantes.

28 Le lit

Au Moyen Âge, les lits fixes sont une exception. Tous les soirs, on remplit des sacs avec de la paille qu'on dispose le plus souvent près de l'âtre. On dort aussi sur des bancs, des tables, sur le plancher ou dans les alcôves. Il est fréquent que plusieurs personnes, pour avoir bien chaud, partagent le même lit.

V. CANTIN, C. CHECCONI, F. PABAN, *La première fois que l'on a pu...*, éditions Chronique.

29 Le jardin

Certes, il n'était pas bien entretenu mais il comportait de magnifiques pelouses jamais tondues et de vieux rosiers couverts de roses blanches, jaunes et roses, qui, certes, n'étaient pas les plus belles mais qui sentaient très bon. Il y avait également pas mal d'arbres fruitiers et, ô merveille, quelques chênes et ormes centenaires, parfaits pour ceux qui adorent grimper aux arbres.

A. LINDGREN, *Fifi Brindacier*, © Le Livre de Poche Jeunesse, 2007.

30 La côte bretonne

Plus grande façade maritime française, la péninsule bretonne offre une diversité de paysages étonnante, car chaque portion de littoral possède une identité qui lui est propre. Autrefois destiné à la surveillance des côtes, le sentier des douaniers permet, en 1 300 km, de faire pratiquement le tour de la Bretagne à pied pour en découvrir tous les paysages maritimes.

31 Une belle petite chèvre

Quand la chèvre blanche arriva dans la montagne, ce fut un ravissement général. Jamais les vieux sapins n'avaient rien vu d'aussi joli. Les châtaigniers se baissaient jusqu'à terre pour la caresser du bout de leurs branches. Les genêts d'or s'ouvraient sur son passage et sentaient bon tant qu'ils pouvaient. Toute la montagne lui fit fête.

A. DAUDET, *La chèvre de Monsieur Seguin*.

32 Les forêts d'Afrique

Au cœur de l'Afrique, aux alentours de l'équateur, se trouve une des plus grandes forêts tropicales humides. Ces forêts régulent le climat et le cycle de nombreuses matières. Mais leur exploitation irraisonnée les détruit peu à peu…

33 Une bonne fatigue

Nous allions dormir de bonne heure, épuisés par les jeux de la journée, et il fallait emporter le petit Paul, mou comme une poupée de chiffons : je le rattrapais de justesse au moment où il tombait de sa chaise, en serrant dans sa main crispée une pomme à demi rongée, ou la moitié d'une banane.

M. PAGNOL, *La gloire de mon père*, Éditions Bernard de Fallois.

34 Proverbe indien

Quand le dernier arbre sera abattu, la dernière rivière empoisonnée, le dernier poisson pêché, alors vous découvrirez que l'argent ne se mange pas.

35 Une issue fatale

La petite souris n'a pas vu le crotale qui s'approche ; mais celui-ci, sûr de sa victoire, agite la queue pour manifester sa joie. Elle comprend instantanément en entendant le bruit fatal que l'ennemi est tout proche et que sa vie ne tient plus qu'à un fil.

36 Le léopard

« Maintenant tu es vraiment beau ! dit l'Éthiopien. Tu peux t'étendre sur le sol nu et passer pour un tas de cailloux. Tu peux t'étendre sur les rochers nus et passer pour un morceau de pudding. Tu peux t'étendre sur une branche feuillue et passer pour un rayon de soleil filtrant à travers les feuilles ; et tu peux t'étendre en plein milieu d'un chemin et ne ressembler à rien du tout. »

R. KIPLING, trad. L. KIÉFÉ, *Histoires comme ça*, « Comment le léopard acquit ses taches »,
© Le Livre de Poche Jeunesse, 2007.

37 Les satellites artificiels

Du haut de leur orbite, des satellites observent les grands mouvements atmosphériques. Les uns sont placés à 36 000 km d'altitude et restent toujours au-dessus d'un même point du globe ; d'autres, placés beaucoup plus bas, décrivent des orbites régulières autour de notre planète.

38 Les îles Lofoten

À 200 kilomètres au nord du cercle arctique s'accrochent des îles étranges, hérissées de pics déchiquetés et animées de milliers d'oiseaux. Il faut les découvrir par la mer, s'arrêter dans ces minuscules ports où les séchoirs à morue s'alignent de part et d'autre des cabanes traditionnelles sur pilotis, et goûter le calme des îlots déserts.

39 La canne à sucre

Elle est originaire de Nouvelle-Guinée, où les habitants la cultivaient déjà il y a plus de 3 000 ans. Apporté en Occident au VIIIᵉ siècle par les navigateurs arabes, le « roseau sucré » est acclimaté dans les pays méditerranéens. Toutefois, pendant plusieurs siècles encore, le sucre de canne reste très rare et ne parvient pas à remplacer le miel et les sucres de fruit.

40 L'ONU

L'Organisation des Nations unies, fondée en 1945, est une organisation internationale, regroupant presque tous les États de la planète. Elle a pour objectifs la paix et la sécurité dans le monde, le progrès social et économique et le respect des Droits de l'homme.

41 Les Normands

Ils venaient par mer de Suède, de Norvège et du Danemark. Ces pays étaient très pauvres. Les habitants y trouvaient difficilement de quoi se nourrir. C'est pourquoi ils allaient chercher dehors de la nourriture. Chaque année, au printemps, des Normands montaient sur de grandes barques. Ils choisissaient pour chef le plus brave d'entre eux, qu'ils appelaient roi de mer.

42 Les villes au Moyen Âge

Au Moyen Âge, les villes se développent et les remparts deviennent vite trop étroits. Mais ils assurent la sécurité. Les bourgeois s'entassent dans des maisons construites en hauteur. Les ateliers et les boutiques s'ouvrent sur des rues bruyantes, étroites et boueuses. On commencera à les paver au VIIIᵉ siècle seulement.

43 Les coucous

Les coucous sont des voisins envahissants. Ils ne construisent pas de nids et préfèrent installer leurs œufs dans celui du voisin. Pour mieux tromper l'oiseau qui couvera sa progéniture, la femelle coucou pond un œuf qui imite celui de l'autre espèce. Pas n'importe laquelle d'ailleurs, les coucous choisissent précisément qui ils vont parasiter.

44 L'Islande

Pendant le long hiver islandais, plus un cri d'oiseau, mais le long sifflement du blizzard ou le silence infini de l'espace. La glace fige les lacs et les rivières, s'accroche aux volcans déchiquetés. L'immensité blanche envahit l'immensité noire des déserts de cendre qui, dès lors, se confond intimement aux calottes des glaciers.

45 Les grandes expéditions maritimes

À partir du milieu du XVIIIe siècle, les grandes expéditions maritimes permettent de procéder à des relevés cartographiques, de tracer de nouvelles routes pour le commerce maritime, de découvrir des territoires, des espèces végétales et animales ainsi que des peuples inconnus, de rapporter en Europe des spécimens de plantes et de fruits tropicaux, et de faire progresser certaines disciplines. Elles ont aussi, très souvent, des objectifs politiques qui visent à établir ou renforcer des colonies.

46 La sorcière

Elle a retransformé la citrouille en automobile. Mais comme le rat l'avait rongée, la carrosserie était trouée. Elle a refait du rat rouge un chauffeur. Mais le chauffeur n'était pas content, parce qu'il ne pouvait plus manger sa voiture, et il prétendait que rouler ne lui rapportait pas assez.

P. GRIPARI, *La sorcière et le commissaire*, © Éditions Grasset et Fasquelle, 1982.

47 Des constructions géantes

Il n'y a que deux constructions humaines visibles de l'espace : la Grande Muraille de Chine et l'aéroport de Kansaï, au Japon, bâti sur une île artificielle. Pour créer cette île, à 5 km de la côte, on a « décapité » trois montagnes qui ont fourni les matériaux nécessaires.

48 L'autruche

L'autruche est le plus gros des oiseaux vivants et pourtant elle est inapte au vol. Rivée au sol, c'est un oiseau coureur comme l'émeu, le casoar, le kiwi… Elle peut semer les prédateurs à la vitesse de 70 km/h. Elle est réputée par sa capacité à avaler n'importe quoi.

49 Les voleurs

Le voleur pose le tableau le long du mur, juste à côté du pilier derrière lequel se cache Amandine. Pendant que les deux hommes sont occupés à récolter d'autres toiles, Amandine se rapproche de la Joconde.
« Madame Lisa ! Ils sont en train de vous kidnapper !
– C'est aussi mon impression », répond Monna Lisa visiblement contrariée.

C. TERNAUX, *Le secret de la Joconde*, © Éditions Grasset et Fasquelle, 1997.

50 Le football

C'est actuellement le sport le plus populaire au monde. Il trouve ses origines dans un jeu du Moyen Âge, mais il faut attendre 1848 pour voir naître le football avec ses premières lois écrites. La fédération anglaise voit le jour en 1863, et depuis cette date, la pratique du football s'est étendue à toute la planète.

51 Le chamois

Il vit dans de nombreuses montagnes d'Europe. C'est un animal rustique, et sait s'adapter à des habitats différents. Il vit entre 15 et 25 ans. On détermine son âge en comptant les anneaux de ses cornes qui poussent de novembre à mars. C'est une espèce protégée dans les parcs nationaux.

52 Les fuseaux horaires

Sur une carte rectangulaire de la Terre, appelée planisphère, les fuseaux sont représentés par des bandes parallèles ; par endroits, certaines bandes ont des limites irrégulières. En effet, on a cherché à mettre dans un même fuseau les territoires d'un même État, pour éviter de changer d'heure dans ce pays. Chaque fois qu'on passe d'un fuseau à un autre en allant vers l'est, on avance d'une heure ; en allant vers l'ouest, on retarde d'une heure.

53 Les jeunes chèvres

Les plus jeunes chèvres ne pouvaient suivre le troupeau quand les pâturages étaient trop éloignés. Elles se fatiguaient. Elles traînaient en route, et les hyènes, qui n'étaient jamais loin, se léchaient les babines en rigolant. Le guépard en avait assez de faire des allers-retours pour chasser les hyènes.

D. PENNAC, *L'œil du loup*, Coll. « Pleine Lune », © Nathan, 1984, 1992.

54 En Martinique

À la Martinique, les paysages marins sont d'une extrême diversité. Les côtes basses, sablonneuses ou vaseuses, et leurs prairies d'algues, peu appréciées par les touristes, sont pourtant d'un grand intérêt. La mangrove, notamment, est très riche en crabes comestibles, en crevettes et en crustacés fouisseurs.

Martinique, coll. « Guides voir », Hachette Tourisme.

55 Un ancien chemin de fer

Le chemin de fer du Montenvers, qui transporte un million de passagers par an, est une ligne de chemin de fer à crémaillère, longue d'un peu plus de cinq kilomètres, inaugurée en 1909, qui relie Chamonix à la mer de Glace. Elle permet de s'élever de presque 900 mètres et est utilisée à la fois par les touristes et les alpinistes.

III
DiCTÉES
QUOTiDiENNES

56 L'entraîneur d'une équipe sportive est aussi un éducateur. Son rôle est de montrer le bon exemple et d'aider l'arbitre à faire respecter les règles du sport.

57 Le climat se réchauffe. Au cours de ce siècle, tous les glaciers d'Europe pourraient avoir fondu !

58 Les phoques et les ours polaires sont les seuls animaux que l'on rencontre sur la banquise.

59 La baleine bleue est le plus grand de tous les animaux. Elle peut peser le même poids que vingt-cinq éléphants réunis !

60 On peut protéger l'environnement avec des actions très simples. Par exemple, en n'abandonnant pas ses déchets dans la nature.

61 Le ferry est un bateau un peu spécial ! Il transporte des voyageurs mais également des voitures, des motos et des camions.

62 Au Sahara, le climat désertique est difficile à supporter : il fait très chaud dans la journée et il peut geler la nuit.

63 Le plus grand ennemi de la forêt, c'est l'homme, car il est capable de la faire disparaître totalement.

64 Quand il gèle à pierre fendre, l'eau qui s'infiltre dans les fentes des rochers gèle sous l'action du froid. Elle augmente ainsi de volume et fait éclater la roche.

65 Les baleines ont une épaisse couche de graisse qui les protège du froid dans les eaux polaires.

66 Les trois quarts des volcans terrestres se situent sur le pourtour de l'océan Pacifique, formant la ceinture de feu du Pacifique.

67 Une étoile produit de la lumière et se déplace dans le ciel, même si elle semble immobile.

68 Les hommes naissent libres et égaux en droits. La liberté consiste à pouvoir faire tout ce qui ne nuit pas à autrui.

Extrait de la *Déclaration des droits de l'homme et du citoyen*, 26 août 1789.

69 Le héron est un oiseau de la famille des échassiers. Il possède de grandes pattes, un long bec et un long cou. Il vit au bord de l'eau.

70 L'atmosphère est en perpétuel mouvement. L'air chaud est plus léger : il monte. L'air froid est plus lourd : il descend. Ces mouvements donnent naissance aux vents, aux chutes de pluie et de neige.

71 Je sens avec mon nez, j'entends grâce à mes oreilles, je vois avec mes yeux, je ressens le chaud et le froid avec ma peau et je distingue les goûts à l'aide de ma langue et de mon palais.

72 Fin 2009, on a découvert, en dehors de notre système solaire, une planète présentant des caractéristiques relativement comparables à celles de la Terre. Les astronomes lui ont donné le nom de Gliese 581 c.

73 Le cerveau travaille toute la journée ; alors il a besoin de repos. On ne peut pas rester sans dormir. Un homme peut mourir si on le prive de nourriture, mais aussi si on le prive de sommeil.

74 La statue de la Liberté trône dans le port de New York depuis 1886. Il y a un siècle, l'œuvre du sculpteur français Bartholdi gagnait l'Amérique en pièces détachées à bord d'un voilier.

75 L'apparition des premiers œufs dans les nids se fait aux alentours de Pâques. La forme, la couleur, la taille sont caractéristiques de l'espèce et essentielles pour la protection contre les prédateurs.

76 Très souvent, avant une éruption volcanique, la terre gronde et des gaz s'échappent du cratère. La lave brûle tout sur son passage.

77 Certains animaux comme le loir, la marmotte, le lérot hibernent. Ils s'endorment au début de l'hiver et attendent le retour du printemps pour quitter leur terrier.

78 Le climat ne cesse de changer. Il y a 50 millions d'années, des palmiers poussaient en Arctique. Il y a 15 000 ans, notre pays était couvert de glace. Aujourd'hui, le réchauffement climatique menace la planète.

79 La répartition de la population à la surface du globe est très inégale. Certaines régions sont surpeuplées tandis que d'autres sont quasiment ou même totalement inhabitées.

80 On compte plus de dix mille volcans sur les terres ou sous les mers. Heureusement, quelques centaines seulement sont encore en activité.

81 Les arbres nous donnent leur bois. Mais ils empêchent également les glissements de terrain et l'érosion. Ils produisent surtout de l'oxygène, nécessaire à la vie.

82 Quand il pleut, l'eau est absorbée par les racines des plantes ou s'infiltre dans le sol. Elle forme ainsi des nappes d'eau souterraines.

83 Plus tard, je serai infirmière ! Dans ces pays où il faut gravir des montagnes et franchir des rivières pour aller soigner les malades.

Q. Simon, *Le bol de soupe*, Toboggan n° 330, Milan Presse.

84 Le paon est marron. Mais son plumage est composé de structures microscopiques qui renvoient la lumière en la décomposant en différentes couleurs et reflets.

85 L'UNESCO est l'Organisation des nations unies pour l'éducation, la science et la culture. Elle a pour but de promouvoir les relations culturelles entre les pays.

86 Les bois et les forêts couvrent 28 % de notre territoire. Les arbres sont pour 63 % des feuillus et 37 % des résineux.

87 L'apparition de la pollution atmosphérique a aggravé la fréquence des maladies respiratoires. Elles sont en constante augmentation.

88 Les vagues se brisent sur la côte et, petit à petit, rongent les roches les plus tendres. Les roches plus dures résistent et, une fois encerclées par la mer, forment des îles.

89 Ayant perdu l'esprit, il décida de se faire chevalier errant, de s'en aller par le monde, avec son cheval et ses armes, chercher les aventures.

A. Dag'Naud d'après M. De Cervantès, *Don Quichotte*, Le Bibliobus 23, Hachette Éducation.

90 L'orang-outan, un de nos plus proches cousins avec le bonobo, le chimpanzé et le gorille, pourrait avoir définitivement disparu d'ici 10 ans du fait de la chasse et de la destruction intensive de son habitat !

91 Les fleuves et les rivières sont parfois aménagés et canalisés, dans un but de protection contre les inondations. Il arrive même que le cours d'une rivière soit modifié.

92 La plus grande partie de la surface de la Terre est recouverte d'eau. Et vue de l'espace, notre planète est toute bleue !

93 Au début du XXᵉ siècle, la population était également répartie sur l'ensemble de l'Hexagone. Aujourd'hui, 80 % de la population occupent seulement 20 % de notre territoire.

94 Dans la forêt tropicale, le perroquet trouve tous les délices dont il raffole. Il peut nicher dans l'épais tronc des arbres. Mais, surtout, les feuilles le cachent des prédateurs.

95 Tous les ans a lieu sur la Tamise, à Londres, une course de charité. 250 000 canards en plastique sont déposés dans l'eau et doivent parcourir un kilomètre.

96 En janvier 2009, la tour la plus haute du monde atteignait 818 mètres de haut. Elle est située aux Émirats arabes unis. La tour Eiffel, haute de 313 mètres, semble désormais bien petite !

97 La Ligue des champions de l'UEFA est une compétition annuelle de football entre les meilleurs clubs du continent européen. C'est l'une des compétitions sportives les plus suivies au monde.

98 Les glaciers constituent un vaste réservoir d'eau gelée à la surface de la Terre. Ils avancent lentement au fil des ans et usent les roches sur lesquelles ils sont installés.

99 Les rayons du soleil peuvent être dangereux : les rayons UVA provoquent des brûlures (coups de soleil), les rayons UVB sont responsables du vieillissement de la peau et des allergies.

100 Notre drapeau a été hissé pour la première fois en 1789, deux jours après la prise de la Bastille. Le blanc, symbole du roi, est entouré par le bleu et le rouge, couleurs de la ville de Paris.

101 En votant la Déclaration des droits de l'homme, le 26 août 1789, les membres de l'Assemblée constituante souhaitaient faire une œuvre universelle, valable pour tous les temps et tous les lieux.

102 Les grandes personnes ne comprennent jamais rien toutes seules, et c'est fatigant, pour les enfants, de toujours et toujours leur donner des explications.

A. DE SAINT-EXUPÉRY, *Le Petit Prince*, © Éditions Gallimard.

103 Pour gagner sa vie, Auguste Renoir a fait beaucoup de portraits d'enfants. De riches familles les lui commandaient. Il fut surnommé « le peintre du bonheur ».

104 Au Moyen Âge, les guerres entre seigneurs voisins étaient fréquentes. C'est pourquoi le seigneur et sa famille vivaient dans le donjon, la plus haute tour du château et la mieux protégée en cas d'attaque.

105 Le printemps est la saison des fleurs à bulbes : tulipes, narcisses, jonquilles, crocus, jacinthes réveillent nos jardins assoupis de leurs couleurs chatoyantes.

106 Les premiers moteurs utilisaient l'énergie de l'eau avec les roues à aubes ou l'énergie du vent avec les hélices des moulins. Mais le premier moteur vraiment indépendant de la nature est la machine à vapeur.

107 Les roches colorées extraites des carrières d'ocre sont composées de beaucoup de sable et d'un peu d'ocre. Pour récupérer le précieux colorant, les ouvriers lavaient le mélange pour éliminer le sable.

108 La louve, à longs coups de langue, apaise ses louveteaux, les imprègne de sa salive jusqu'au plus profond de leur pelage, de leur peau. Puis, fatiguée, elle laisse retomber sa tête sur le sol presque tiède.

A. MIRMAN, *Un jour, un enfant, un loup*, © Le Livre de Poche Jeunesse, 2008.

109 Près de 70 % de la pollution de l'air provient des automobiles. Cette pollution de l'air peut être réduite si on limite l'utilisation de la voiture. Il faut favoriser d'autres moyens de transport moins polluants.

110 Le droit de vote est accordé aux femmes en France le 21 avril 1944 par le Gouvernement provisoire de la République française. Ce droit sera utilisé pour la première fois le 29 avril 1945 pour les élections municipales.

111 L'éruption du Tambora en 1815 en Indonésie fut la plus meurtrière de l'histoire avec quatre-vingt-huit mille victimes directes et deux cent mille indirectes du fait de la famine qui suivit l'éruption.

112 Amnesty International est une ONG qui défend les droits de l'Homme. Elle se bat particulièrement pour la libération des prisonniers d'opinion, l'abolition de la peine de mort et de la torture et l'arrêt des crimes politiques.

113 La Terre compte plus de six milliards d'hommes. Parmi eux, plusieurs millions de personnes mènent une vie très difficile : elles ne mangent pas à leur faim, ne disposent pas d'eau potable et ne savent ni lire ni écrire.

114 Il est très important de dénoncer les petites injustices qui empoisonnent notre vie à l'école ou à la maison. Car ce sont nos actions qui peuvent construire un monde plus juste.

115 La température à la surface d'une étoile peut varier entre 3 000 °C et 50 000 °C. Le Soleil, avec ses 5 500 °C, est donc une étoile plutôt froide !

116 Le barrage des Trois-Gorges, en Chine, est le plus grand barrage hydroélectrique du monde. Avec 2 309 mètres de long et 185 mètres de haut, sa production d'électricité devrait être quinze fois plus importante qu'une centrale nucléaire ordinaire.

117 Pour tracer les limites de chaque département, un simple principe fut appliqué : aucun endroit de département ne devait être éloigné d'un autre lieu de ce même département de plus d'une journée de cheval.

D'après un texte de l'Assemblée constituante, le 26 février 1790.

118 C'est en 1896 que les premiers films des frères Lumière ont été projetés en Inde. Un peu plus d'un siècle plus tard, l'Inde est devenue le premier producteur de films par an au monde.

119 Les plus anciennes pirogues découvertes au cours de recherches archéologiques sont le plus souvent taillées dans des arbres résineux, à l'aide de simples outils en pierre.

120 Le 24 novembre 1974, en Éthiopie, des savants retrouvèrent les os d'une jeune fille d'environ vingt ans. Ils la baptisèrent Lucy. Elle avait vécu là, il y a trois millions d'années.

121 Le nom « céramique » désigne l'ensemble des objets fabriqués en terre cuite qui ont subi une transformation par une cuisson à température plus ou moins élevée.

122 Sur l'ensemble des langues parlées sur la terre, on estime que la moitié d'entre elles pourraient ne pas survivre d'ici à 2100. Actuellement, tous les quinze jours, une langue locale disparaît.

123 Il faut dire qu'elles sont épatantes, ces jumelles. Elles grossissent tellement qu'on peut deviner ce que disent les gens, rien qu'en regardant leurs lèvres.

P. BOILEAU, T. NARCEJAC, *La villa d'en face*, coll. « J'aime lire », Bayard Jeunesse.

124 Le terme « marine marchande » désigne tout ce qui est en rapport avec le transport maritime de marchandises ou de personnes. Le commerce mondial s'effectue à près de 95 % par la voie maritime et il existe environ 50 000 navires de commerce en service dans le monde.

125 Les industriels cherchent à réduire toujours plus le poids et le volume de leurs emballages. Quelques grammes gagnés sur un pot de yaourt et ce sont des milliers de tonnes en moins dans nos poubelles.

Éco Junior, n° 25, Évitons de gaspiller.

126 Les biocarburants sont connus depuis les débuts de l'industrie automobile : l'inventeur du moteur à explosion avait conçu son invention pour utiliser de l'éthanol et l'inventeur du moteur diesel faisait tourner ses machines à l'huile d'arachide.

127 Un demi-siècle avant Christophe Colomb, l'armada de l'amiral chinois Zheng He sillonne l'océan Indien à bord de jonques mesurant plus de soixante mètres de long. Elle emporte 30 000 hommes à bord de 70 vaisseaux.

128 Un organisme génétiquement modifié (OGM) est un organisme vivant dont le patrimoine génétique a été modifié par l'homme. Les surfaces cultivées OGM (soja, maïs, coton…) sont de plus en plus importantes et atteignent près de 10 % des terres cultivées.

129 Originaire d'Orient, la carpe peuple nos étangs et nos rivières depuis plus de 2 000 ans. Très résistante, elle peut se trouver dans un bloc de glace jusqu'à une température de moins 40 °C et rester en vie.

130 La perdrix des neiges, ou lagopède alpin, possède en été un plumage brun qui se confond avec les plantes et les rochers. Avec son plumage hivernal blanc, qui le dissimule aux yeux des prédateurs, le lagopède des Alpes est parfaitement adapté à l'hiver en montagne. Et si les plumes de ses pattes l'isolent du froid, elles lui servent également de raquette dans la neige molle.

131 La Guadeloupe est un archipel français situé dans l'océan Atlantique. Anciennement appelée « Karukéra » (l'île aux belles eaux), elle vit essentiellement du tourisme et de l'agriculture.

132 Les Jeux paralympiques réunissent des athlètes handicapés de tous pays pour des épreuves handisports. Ils ont lieu tous les quatre ans à la suite des Jeux olympiques.

133 « Allez dire au roi que nous sommes ici par la volonté du peuple et que nous n'en sortirons que par la force des baïonnettes. »

MIRABEAU, député du Tiers État, le 23 juin 1789.

134 Le mot « judo » peut se traduire par « manière douce ». Ce sport consiste en effet à retourner la force de son adversaire à son propre avantage.

135 Le Soleil est âgé d'environ cinq milliards d'années. Il continuera à briller approximativement durant encore autant d'années.

136 Le premier chemin de grande randonnée français, le GR3, a été réalisé en 1947, d'abord autour de la ville d'Orléans. Aujourd'hui, son tracé suit la vallée de la Loire sur une distance de 1 243 km.

137 Les voies romaines reliaient entre elles les cités de toute l'Italie, puis de l'Empire. Elles permettaient aux armées, aux marchands et aux courriers des déplacements assez faciles pour l'époque.

138 Nauru est une petite île située au nord-est de l'Australie, dans l'océan Pacifique, à quelques kilomètres au sud de l'équateur. Peuplée d'un peu plus de 13 000 habitants, c'est la plus petite république du monde avec 21,3 km^2 de superficie.

139 Le plus haut sommet d'Afrique est le Kilimandjaro. Il est gravi chaque année par environ vingt mille randonneurs.

140 Les ordinateurs ont une durée de vie très courte : dans les entreprises, on les renouvelle souvent au bout de trois ans. La quantité de déchets ainsi produite est considérable et a un impact important sur l'environnement.

141 La loi de la gravitation universelle de Newton est l'une des plus grandes découvertes de l'histoire de l'Humanité. Elle a permis d'unifier les théories de la chute des corps énoncées par Galilée et du mouvement des planètes et des astres formulées par Kepler.

142 C'est la Révolution française qui a établi, dans toute la France, le même système de poids et mesures. Partout, désormais, on mesure en mètres, en grammes ou en litres.

143 Le petit Marcellin Caillou aurait pu être un enfant très heureux comme beaucoup d'autres enfants, malheureusement, il était affligé d'une maladie bizarre : il rougissait.

SEMPÉ, Marcellin Caillou, Éditions Denoël.

144 Article premier. Tous les êtres humains naissent libres et égaux en dignité et en droits. Ils sont doués de raison et de conscience et doivent agir les uns envers les autres dans un esprit de fraternité.

Déclaration universelle des droits de l'homme, 10 décembre 1948.

145 Dans les îles Aléoutiennes, au sud de la mer de Béring, il existe une île nommée Kayak où les habitants, il y a 4 000 ans, utilisaient des bateaux avec une armature en bois recouverte de peaux. Ils leur permettaient de pêcher.

146 Le sanglier se vautre dans les ornières boueuses de la forêt pour réguler sa température interne, car il ne peut pas transpirer. De plus, ces bains sont pour lui une protection contre les parasites et entretiennent sa peau.

147 Les insectivores actuels font partie des mammifères les plus primitifs. Ils ne sont pratiquement pas différents des premiers mammifères qui vivaient au temps des dinosaures.

148 Les disciplines qui composent l'athlétisme se répartissent en deux groupes. D'une part, les courses, d'autre part, les concours pour les sauts et les lancers.

149 L'écureuil roux est plus petit que son cousin l'écureuil gris. Il a une queue plus touffue et de longs poils ornent la pointe de ses oreilles. Sa couleur le rend très reconnaissable.

150 La Chèvre et la Brebis étaient très amies. Elles avaient les mêmes goûts… Comme elles ne se quittaient jamais, certains animaux disaient qu'elles étaient sœurs.

J. MUSI, 19 fables du roi Lion,
Castor Poche – Flammarion.

151 Lorsque le Petit Poucet abandonné dans la forêt sema des cailloux pour retrouver son chemin, il ne se doutait pas qu'une autruche le suivait et dévorait les cailloux un à un. C'est la vraie histoire celle-là, c'est comme ça que c'est arrivé…

J. Prévert, « Contes pour enfants pas sages » in *Histoires*, © Éditions Gallimard.

152 Pour gouverner la cité, les Athéniens inventent la démocratie. Ce système très nouveau permet à tous les citoyens de choisir leurs dirigeants, de rendre la justice, d'examiner les dépenses de l'État ou de décider de faire la guerre.

153 Pendant le règne de Louis IX, les défrichements ont favorisé la mise en culture de terres nouvelles, nécessaires pour nourrir une population en forte augmentation.

154 Au temps de Guillaume le Conquérant, la campagne normande est alors plantée en vignes. Ce n'est que bien plus tard, au XVIe siècle, qu'on importera les célèbres pommiers.

155 Le Nil est devenu un fleuve très célèbre grâce à la haute civilisation qui, 3 500 ans avant notre ère, s'est développée sur ses rives.

156 La Renaissance est marquée par de grands progrès dans les arts et les sciences. Les navigateurs s'aventurent de plus en plus loin sur les mers, découvrent d'autres territoires et prouvent que la Terre est ronde.

157 Le tigre est le plus redoutable chasseur des forêts et des steppes d'Asie. Sa vue perçante, son ouïe particulièrement fine, sa démarche silencieuse, sa rapidité fulgurante et la force qu'il déploie rendent ses attaques imparables.

158 On classe les feuilles en deux groupes : les feuilles simples dont le limbe est en une seule partie, et les feuilles composées dont le limbe est divisé en plusieurs folioles.

159 Les lézards et les serpents sont des reptiles. Ils ont une peau écailleuse, des poumons, le sang froid et pondent des œufs.

160 La matière peut se présenter sous trois états différents : solide, liquide ou gazeux. C'est la température qui détermine l'état de la matière.

161 Chez le nouveau-né, la tête représente le quart de la longueur totale du corps, c'est-à-dire le double de ce qu'elle représente à l'âge adulte.

162 Aux quatre coins de notre pays, des bénévoles se sont mis, depuis plusieurs années déjà, au ramassage des textiles. Seulement 10 % des vêtements récupérés sont donnés ou vendus à petit prix. Le reste sert de chiffons ou est recyclé ou incinéré.

163 Sur le panneau, il n'y a ni affiche ni publicité, seulement une inscription en lettres noires sur toute la surface : DÉFENSE DE BRONZER. Le conseil est scrupuleusement suivi.

C. Bourgeyx, *Le fil à retordre : 42 histoires extravagantes*,
coll. « Nathan poche 10-12 ans » © Nathan, 2005.

164 Les éponges sont les plus simples et les plus primitifs de tous les animaux pluricellulaires. Ce qui leur a valu d'être considérées pendant longtemps comme des plantes.

165 Notre baie est défendue par de gros rochers, sous la mer. Il faut les connaître. Il arrive que même nos pirogues s'éventrent parfois sur un écueil.

L. Fillol, *L'enfer noir*, Castor Poche – Flammarion.

166 C'est au Népal que l'on trouve les plus hautes montagnes de la Terre. Pour les admirer, il faut être un marcheur capable de cheminer sur les sentiers d'altitude.

167 Au cours de son histoire, la Terre a connu des variations climatiques très importantes. La dernière glaciation remonte à environ vingt mille ans.

168 Les plantes, qui comportent plus de 300 000 variétés, s'adaptent à tous les milieux. On les trouve en effet des pôles à l'équateur.

169 La Lune est le seul satellite naturel de la Terre mais on dénombre treize satellites qui gravitent autour de Neptune, la huitième et dernière planète du système solaire.

170 Les Gaulois n'étaient pas unis : ils formaient plusieurs « nations » les unes à côté des autres, alliées ou ennemies tour à tour.

171 Il n'y aura bientôt plus d'éléphants en Afrique si les chasseurs d'ivoire continuent à les abattre en dépit des réglementations.

172 L'aide internationale a pour but de venir en aide aux populations les plus démunies, victimes de la faim, de la soif, des maladies ou de la guerre. Cette aide est apportée par des organismes qui dépendent de l'ONU (l'UNICEF par exemple) et par les associations humanitaires.

173 La Constitution française impose la séparation des pouvoirs, base de la démocratie : ce ne sont pas les mêmes personnes qui votent les lois, les mettent en application et veillent à leur respect.

174 Lorsque l'eau bout, on voit un léger brouillard au-dessus du récipient. Ce brouillard est constitué de fines gouttelettes d'eau provenant de la condensation de la vapeur d'eau dans l'air plus froid au-dessus du récipient.

175 La liberté d'opinion implique évidemment que l'État ne favorise aucune religion, n'encourage aucune philosophie, ne privilégie aucune morale.

176 Il existe près de neuf mille espèces d'oiseaux. Seuls les manchots, les autruches, les kiwis et les nandous ne peuvent absolument pas voler.

177 Chez l'éléphant, les oreilles ne servent pas uniquement pour l'audition. L'animal les utilise également comme « ventilateur » afin de se rafraîchir.

178 Le sous-sol terrestre contient deux sortes de ressources naturelles : les matières premières, comme l'argent où le cuivre, et les combustibles, comme le charbon, le pétrole ou le gaz.

179 Certains États, comme Monaco ou Andorre, sont très petits. Mais le plus petit État indépendant du monde est le Vatican, tant par son nombre d'habitants que par sa superficie de 44 hectares. Son chef est le pape.

180 Pourquoi les oiseaux chantent-ils ? Ils préviennent ainsi les autres qu'ils s'installent dans un endroit déterminé où aucun autre oiseau ne pourra pénétrer. C'est en général le lieu de couvaison.

181 C'est la Révolution française qui a inventé presque tous les symboles actuels de l'État français : la devise « Liberté, Égalité, Fraternité », le franc, le drapeau tricolore, la *Marseillaise*, le bonnet phrygien. En revanche, le coq, le béret basque et la baguette de pain ne lui doivent rien.

182 Il avait, pendant un an, planté plus de dix mille érables. Ils moururent tous. L'an d'après, il abandonnait les érables pour reprendre les hêtres qui réussirent encore mieux que les chênes.

J. GIONO, *L'homme qui plantait des arbres*, © Éditions Gallimard.

183 Commencée au XIᵉ siècle, la construction du Mont-Saint-Michel constitua un véritable tour de force et nécessita des prouesses techniques tant pour acheminer les blocs de granit que pour asseoir les imposants édifices.

184 L'écriture existe depuis environ 5 300 ans. Elle est apparue à des périodes et sous des formes diverses, d'abord en Mésopotamie et en Égypte, puis dans plusieurs autres foyers de civilisations. Ces écritures primitives ont donné naissance à presque tous les systèmes graphiques actuellement connus.

185 En France, de 1793 à 1794, de nombreux Français, condamnés sur de simples dénonciations, sont guillotinés, car on les soupçonne de trahir leur pays. On a appelé cette période la Terreur.

186 L'effet de serre est causé par l'accumulation dans l'atmosphère de certains gaz qui piègent une partie du rayonnement solaire. Ceci provoque une augmentation de la chaleur au niveau du sol.

187 Récoltez de beaux souvenirs, mais ne cueillez pas de fleurs. N'arrachez surtout pas les plantes : il pousserait des pierres. Il faut beaucoup de brins d'herbe pour tisser un homme.

SAMIVEL, extrait des Commandements du parc national de la Vanoise.

188 Pour peindre, les hommes préhistoriques utilisaient de la terre, du sang, des oxydes minéraux, des jus de plantes et obtenaient du rouge, du noir, de l'ocre ; ils se servaient d'outils pour déposer la peinture sur les parois et se servaient de liants pour qu'elle résiste au temps.

189 Il avait les yeux pleins de larmes qui débordaient à chaque mouvement de ses paupières. Et il tenait tellement à ressasser ses chagrins qu'il se refusait à admettre aucune intervention, aucun apaisement venant de l'extérieur.

M. Twain, trad. F. de Gall, *Les Aventures de Tom Sawyer*, Gallimard Jeunesse.

190 Nous sommes pleins d'enthousiasme à la lecture des actes héroïques de ceux qui ont lutté pour la défense des Droits de l'homme, mais c'est souvent une autre affaire dès qu'il s'agit de notre vie quotidienne.

J.-L. Ducamp, *Les Droits de l'homme racontés aux enfants*, éditions de l'Atelier.

191 C'est depuis quelques siècles à peine que l'homme a pris conscience de la minuscule place occupée par sa planète dans l'univers. Et plus ses connaissances ont progressé, plus il a compris combien cet univers est immense. Excellente leçon de modestie !

192 Il y a un moment, dans l'évolution de l'homme, où apparaissent les premières traces d'une civilisation primitive. L'homme se met à utiliser, puis à fabriquer des outils. Il construit des abris et crée des œuvres d'art.

193 Les quatre planètes les plus proches du Soleil : Mercure, Vénus, la Terre et Mars, les plus petites, sont constituées de roches. Les quatre suivantes : Jupiter, Sature, Neptune et Uranus, les plus grosses, sont constituées de gaz.

194 La France a une superficie de 550 000 km². Son relief, très varié, comprend des montagnes élevées, des montagnes moyennes, des plateaux et des bassins qui sont de vastes régions de plaines très cultivées, parcourues par de larges vallées.

195 Article II. Les enfants devront, pour être admis, avoir au moins huit ans. De huit à douze ans, ils ne pourront être employés au travail effectif plus de huit heures sur vingt-quatre divisées par un repos.

Extrait de la loi publiée en 1841 et réglementant le travail des enfants.

196 Une gomme en caoutchouc remue les fibres du papier ; elle les écarte et libère ainsi les particules de graphite du crayon. Elle ne peut pas effacer les traces de peinture ou de feutre, car les couleurs liquides sont absorbées par le papier.

197 Il se glissa un peu plus hors du trou… Puis encore un peu plus. Il était presque tout à fait dehors, maintenant. Il regarda attentivement autour de lui, une dernière fois. Le bois était sombre et silencieux. Là-haut, dans le ciel, la lune brillait.

R. Dahl, trad. R. Farré, *Fantastique Maître Renard*, © Éditions Gallimard.

198 La date de naissance officielle de Mickey est le 18 novembre 1928, date de sa première présentation publique. C'est son créateur (Walt Disney) qui au début lui prête sa voix. Ses amis Dingo et Minnie, ainsi que le chien Pluto, l'accompagnent souvent.

199 Après la floraison, le bananier meurt, mais en même temps, la tige souterraine forme des rejets latéraux. Ceux-ci donnent naissance à de nouvelles plantes. Certaines variétés de bananes sont utilisées comme fruits, d'autres comme légumes.

200 La Chine est aujourd'hui le premier pays émetteur de gaz à effet de serre devant les États-Unis. En effet, 70 % de l'énergie qu'elle produit proviennent de centrales à charbon qui sont très polluantes. Elle s'apprête à construire la plus grande centrale solaire du monde pour préserver davantage l'environnement.

201 Tous les ans, en Europe, au mois de septembre ont lieu « Les journées du patrimoine ». Pendant un week-end, tout le monde peut découvrir gratuitement des monuments ou des sites historiques et aller à la rencontre d'un patrimoine riche et varié.

202 Depuis au moins six semaines, il passait des heures devant un tableau à peine entamé, en attendant l'inspiration qui lui ferait lever le pinceau. Mais rien ne se passait. Gaston était entré dans une mauvaise période. Ça lui arrivait parfois, et ça pouvait durer longtemps.

O. KA, *Avant le nuage*, © Éditions Grasset et Fasquelle, 2002.

203 Ce sont les lapins qui ont été étonnés ! Depuis si longtemps qu'ils voyaient la porte du moulin fermée, les murs et la plate-forme envahis par les herbes, ils avaient fini par croire que la race des meuniers était éteinte.

A. DAUDET, *Lettres de mon moulin*.

204 Les raies sont des poissons cartilagineux ; elles ont le corps aplati, en forme de losange avec des nageoires pectorales très développées. Elles mesurent en général moins de deux mètres, sauf la raie manta des mers tropicales qui peut atteindre huit mètres.

205 Une immense table de travail coupait la pièce en deux. Des bouteilles y étaient posées, en nombre prodigieux. Elles contenaient toutes des liquides de couleurs différentes qui allaient du jaune opaque au noir d'encre. Certaines d'entre elles étaient reliées par des tuyaux transparents.

S. COHEN-SCALI, *La Puce, détective rusé*, Casterman.

206 Aujourd'hui, les voitures sont entièrement conçues à l'aide d'ordinateurs. L'informatique est également présente sur les chaînes de production où les robots assurent un grand nombre de travaux.

207 Un rongeur a des dents en forme de biseau. La plupart des rongeurs ressemblent à une souris et ont un régime végétarien. On en trouve dans le monde entier. Certaines ont même pu atteindre l'Antarctique, à bord de bateaux.

208 D'où vient l'eau du robinet ? Dans un premier temps, l'eau est captée dans une nappe souterraine, ensuite elle est traitée pour la rendre potable, puis elle est transportée jusque dans chaque habitation dans des tuyaux enterrés sous les rues qui forment le réseau d'eau potable.

209 La Corée, pays voisin du Japon, est divisée en deux nations : la Corée du Nord, pays très fermé, et la Corée du Sud, nation industrielle qui entretient des relations commerciales avec le reste du monde. Les deux États ont rompu les liens qui les unissaient.

210 Un orchestre symphonique comprend quatre types d'instruments : les cordes comme le violon, les bois comme la flûte, les cuivres comme la trompette, et les percussions comme les cymbales.

211 Les flamants roses, sur des étangs saumâtres du littoral méditerranéen, s'occupent à nicher. On constate qu'ils font leur nid en colonies sur des monticules de boue formant un cône dont ils ont évasé le sommet.

212 Il y a aussi beaucoup de sapins sombres, élancés. Eux ne disent pas grand-chose. Ils sont un peu taciturnes, comme les ifs. Mais ils servent de gardiens à la forêt. Dès que quelqu'un s'approche, ils font trembler leurs aiguilles, et ça fait un bruit de froissement précipité, comme si la pluie allait tomber.

J.-M. G. LE CLÉZIO, *Voyage au pays des arbres*,
© Éditions Gallimard.

213 Les moutons sont élevés pour leur viande et pour leur laine, épaisse et frisée. Ils sont tondus au printemps avec des ciseaux spéciaux ou une tondeuse. Plus le mouton est jeune, plus la laine est fine. Elle repousse en été.

214 Un alunissage est un atterrissage sur la Lune. Les régions sombres et plates qu'on y distingue portent le nom de « mers ». Son sol est couvert de rochers et de poussières. Un jour lunaire correspond à environ 28 jours terrestres.

215 Se précipitant en trombes du sud de l'Antarctique, les vents semblaient s'être perdus et arrivaient en hurlant dans la rage de retrouver leur chemin.

C. Thiele, trad. A.-M. Chapouton, *On l'appelait Tempête*, Castor Poche – Flammarion.

216 Longtemps apparues comme inépuisables, les ressources des océans s'effondrent. Cette surexploitation à laquelle s'ajoutent les conséquences du changement climatique et des pollutions sont autant de dangers qui mettent en péril cette mer nourricière et menacent la survie et le bien-être de l'humanité.

O. Clerc, *La pêche en mer*, coll. « Vivre la mer », © Gulf Stream Éditeur, 2009.

217 Beethoven avait un don pour la musique et son père l'avait remarqué. Il s'était mis en tête d'en faire un jeune prodige : jour et nuit, il l'instruisait. Le jeune garçon apprit l'orgue et la composition auprès d'un musicien renommé qui prit conscience de ses capacités.

218 Les découvertes faites au cours des siècles ont donné naissance aux merveilles technologiques qui nous entourent : application de l'électricité, médecine moderne, moteurs automobiles, fusées spatiales.

219 Aujourd'hui, nous comprenons de nombreux phénomènes naturels. L'astronomie, la météorologie expliquent les éclipses de Lune ou de Soleil, les étoiles filantes, les orages, etc. Mais au Moyen Âge, tout cela semblait très mystérieux et les hommes rendaient Dieu responsable de ce qu'ils ne comprenaient pas.

220 On trouve du sucre dans les fruits, dans les tiges, les racines et les feuilles de beaucoup de plantes. Mais pour produire du sucre, on utilise la racine de la betterave sucrière en Europe et la tige de la canne à sucre dans les pays tropicaux. On les découpe et on les écrase pour obtenir un jus sucré qu'on fait ensuite cuire pour obtenir des cristaux.

221 « Je suis la Joconde, la vraie, celle du tableau. Vous savez bien, celle qui sourit du matin au soir. Ça me fatigue de sourire mais si j'arrêtais, je perdrais mon emploi. Comment trouver un autre travail à mon âge ? J'en ai les muscles du visage endoloris.

C. Bourgeyx, *Le fil à retordre : 42 histoires extravagantes*, coll. « Nathan poche 10-12 ans », © Nathan, 2005.

IV
PRÉPARATIONS
DE DICTÉES

dictée 226, p. 83 La récréation

1 Écris trois mots de la famille de surveiller.

2 Écris deux homonymes de court. Emploie chacun d'eux dans une phrase.

3 Recopie et complète les phrases avec c'est ou s'est.
- La ville ... assoupie sous une chaleur accablante : ... l'été .
- L'oiseau ... envolé ; ... un rouge-gorge.
- Il est le premier ; ... le meilleur.
- Il ... cassé la jambe ; ... très douloureux.

4 Recopie en accordant les adjectifs qualificatifs entre parenthèses.
- un bec *(crochu)*
- un cadeau *(inattendu)*
- un devoir *(terminé)*
- un mur *(démoli)*
- une griffe *(crochu)*
- une note *(inattendu)*
- une émission *(terminé)*
- une bâtisse *(démoli)*

5 Recopie les phrases en complétant les mots avec i ou it.
- L'enfant pol... d... bonjour.
- Clément applaud... ; il est rav... par le spectacle.
- Le marbrier pol... la pierre.
- Le maçon bât... la maison.
- Après avoir franch... le fossé, le cheval part... vers la victoire.

6 Conjugue les verbes à la 3e personne du pluriel du présent de l'indicatif.
animer – jouer – grandir – retenir – ouvrir – paraître.

dictée 227, p. 83 Des après-midi magiques

1 Cherche le sens des mots dans le dictionnaire.
discipline – audiovisuel – contrée.

2 Accorde les participes passés avec un nom féminin pluriel de ton choix.
Exemple : lavé → des chemises lavées.
essoré – fermé – tombé – cassé – donné.

3 Recopie les phrases en accordant, s'il y a lieu, chaque participe passé avec le nom auquel il se rapporte.
- Lancé... très loin, la balle disparut.
- Expédié... depuis longtemps, les colis ne sont toujours pas arrivé... .
- Défendu... par un bon avocat, le suspect fut libéré... .

4 Mets les noms au pluriel.

un lionceau – un oiseau – un hameau – un plateau – un manteau.

5 Conjugue les verbes à l'imparfait de l'indicatif.

porter – tendre – courir.

dictée 229, p. 84 En classe de neige

1 Comment appelle-t-on une habitation construite essentiellement en bois et que l'on trouve en montagne ?

2 Explique ce que signifie chacune de ces expressions utilisant le mot chaîne.

• une chaîne de montagnes
• une chaîne alimentaire
• une chaîne de supermarchés
• travailler à la chaîne
• faire la chaîne

3 Une de ces expressions est incorrecte. Laquelle et pourquoi ?

• une mer azurée
• un reflet azuré
• des yeux azurés
• une rose azurée

4 Recopie la bonne définition.

• L'épicéa est un arbre de la famille des résineux.
• L'épicéa est une épice asiatique voisine du poivre.
• L'épicéa est un insecte au corps couvert de piquants.

5 Donne un synonyme de limpide.

6 Recopie les phrases en complétant les mots inachevés.

• Amandine, émerveill..., écoute l'orchestre jou... .
• Le jeune enfant, pench... à la fenêtre, risque de tomb... .
• Rassur... par la présence du guide, les grimpeurs s'engagent sur une paroi réput... .
• Depuis une heure, Pierre est pench... sur son ordinateur ; il essaie de perc... les mystères d'un jeu compliqu... .

7 Conjugue le verbe neiger au passé composé.

dictée 232, p. 85 Nostalgie

1 **Cherche le sens des mots dans le dictionnaire.**

nostalgie – austère – mobilier.

Pour chaque mot, donne un mot de la même famille.

2 **Donne un synonyme du nom** air. **Emploie-le dans une phrase. Donne le contraire de** extérieurement.

3 **Cherche le sens du mot** hormis. **Emploie-le dans trois phrases.**

4 **Recopie les phrases en écrivant les nombres en lettres.**

- Je viendrai te chercher vers 8 heures.
- Mon frère a 20 ans.
- Pour mon anniversaire, j'ai reçu 30 euros.
- Ce livre coûte 12 euros, mais je vous le laisse pour 10 euros.
- Dans une année, il y a 365 jours et 6 heures.

5 **Forme des adverbes avec les adjectifs qualificatifs.**

lent – lourd – chaud – doux – sage.

Utilise chaque adverbe dans une phrase.

6 **Recopie les phrases en accordant, s'il y a lieu, les expressions entre parenthèses.**

- C'est l'automne ; *(quelque feuille)* tombent déjà.
- Tu as sûrement *(quelque chose)* à me dire.
- *(Quelque animal)* se sont échappés du zoo.
- Il y avait *(quelque craie)* sur le bureau du maître.
- J'ai *(quelque peine)* à te croire.

8 **Conjugue les verbes à l'imparfait, puis au plus-que-parfait.**

- je *(avoir)*
- nous *(prendre)*
- tu *(ranger)*
- il *(voir)*
- tu *(teindre)*
- je *(pincer)*
- elles *(tourner)*
- vous *(mordre)*
- on *(plonger)*

dictée 238, p. 87 Le début de la journée

1 **Recopie en complétant les phrases avec** ce **ou** se.

- Il ... roule sur le tapis.
- Les gens ... promènent en forêt. Ils ... reposent de la vie trépidante de la semaine.
- Que préfères-tu : cette bague ou ... collier ?
- J'aime beaucoup ... clown ; il me fait rire.

2 Recopie en complétant les phrases avec ces ou ses.

- Florian n'a pas fait ... devoirs.
- ... fruits paraissent abîmés.
- Prends ... feuilles pour écrire.
- ... paroles ont dépassé sa pensée.
- Monsieur Leblanc raconte ... dernières vacances avec beaucoup de détails.

3 Recopie en complétant les phrases avec son ou sont.

- Ces enfants ... attentifs.
- Pierre est attristé ; ... chien est malade.
- Mes amies ... arrivées en retard à mon anniversaire.
- Quand ... réveil a sonné, il s'est levé, a retiré ... pyjama et s'est habillé.
- Les camarades de Vincent ... admiratifs devant ... beau vélo tout terrain.

4 Conjugue les verbes venir et épeler au présent de l'indicatif.

5 Recopie en complétant les phrases avec é ou er.

- Il faut all... port... ce colis.
- Je vais cherch... des médicaments pour le soign... .
- Le vent a souffl... toute la nuit ; maintenant il s'est arrêt... . La pluie risque de tomb... .

dictée 244, p. 89 Le jardin de grand-père

1 Cherche les mots dans le dictionnaire.

se côtoyer – une oasis

2 Donne un synonyme du nom cité.

3 Donne trois mots de la famille de pierre.

4 Recopie les phrases en écrivant correctement les mots entre parenthèses.

- Chaque (*enfant*) viendra avec son goûter.
- Il faudra couvrir (*tout*) les livres de classe.
- (*Tout*) les enfants sont arrivés à l'heure.
- Tu devras réviser soigneusement chaque (*leçon*).
- Tu ne vas tout de même pas manger (*tout*) cette tarte !
- J'avais (*tout*) les difficultés du monde à résoudre ces problèmes.

5 Recopie les phrases en complétant les mots inachevés.

- L'été, ils aiment pratiquer la plong… sous-marine.
- Les objets de bonne qualit… durent plus longtemps.
- Ce violoncelle d'étude a une très bonne sonorit… .
- Les coureurs de fond ont une longue foul… .
- Il nous reste à parcourir la dernière moiti… de l'itinéraire.

6 Comment appelle-t-on le petit oiseau passereau qui se nourrit des graines du chardon ?

7 Conjugue les verbes ranger et s'appuyer à l'imparfait de l'indicatif.

dictée 254, p. 93 Mon cinéma muet

1 Recopie les phrases en conjuguant les verbes au présent de l'indicatif.

- Les arbres qui *(entourer)* cette propriété *(être)* superbes.
- C'est toi qui *(chanter)*.
- Vous qui *(aimer)* le soleil, vous *(aller)* cet été aux Antilles.
- Les chiens *(courir)* après le cerf qui *(s'échapper)*.
- Tout ce qui *(faire)* du bruit lui *(plaire)*.

2 Recopie les phrases en conjuguant les verbes au présent de l'indicatif.

- On *(essuyer)* la vaisselle et on *(balayer)* la cuisine .
- On *(descendre)* sur le quai et on *(prendre)* le train.
- On *(paraître)* bien seul dans la foule.
- On *(préparer)* ses affaires et on n'*(oublier)* rien.

3 Complète les phrases par un adjectif qualificatif se terminant par ile.

- Attention, ce verre est très … .
- L'aspirateur est très … pour faire le ménage.
- Cet exercice était très … ; j'ai fait trois erreurs.
- Il me faut un endroit … pour lire.
- Thomas est très … de ses deux mains.

4 Conjugue les verbes au présent de l'indicatif.

- je *(s'asseoir)*
- nous *(bavarder)*
- ils *(sortir)*
- vous *(dire)*
- tu *(coudre)*
- je *(s'endormir)*
- elles *(faire)*
- il *(écrire)*
- tu *(savoir)*

dictée 269, p. 97 La campagne endormie

1 **Recopie en complétant les définitions.**

• Un groupe de quelques maisons à la campagne s'appelle un ... .
• Une toute petite vallée s'appelle un ... .

2 **Trouve deux synonymes du mot** sommet. **Trouve trois mots de la famille de** drap.

3 **Recopie les groupes nominaux en accordant les participes passés.**

• des jeux *(défendu)*
• un résumé *(appris)*
• des fleurs *(coupé)*
• une nappe *(sali)*
• des objets *(trouvé)*
• des rideaux *(jauni)*

4 **Recopie les phrases en conjuguant les verbes au présent de l'indicatif.**

• Les enfants qui *(jouer)* dans la cour doivent maintenant rentrer.
• La tronçonneuse qui *(fendre)* le tronc effarouche les oiseaux.
• Toi qui *(avoir)* beaucoup voyagé, raconte-nous tes aventures.
• Les nuages qui *(approcher)* annoncent un orage prochain.

5 **Mets les noms au pluriel.**

un fardeau – un écrou – un feu – un caillou – un canal – un arsenal – une longue-vue – un abat-jour – un clou.

6 **Mets les noms au singulier.**

des caporaux – des époux – des puits – des totaux – des souris – des lieux – des porte-clés – des résineux – des enjeux.

7 **Conjugue le verbe** étendre **au présent de l'indicatif, à la forme négative.**

dictée 274, p. 99 La mort d'un souverain

1 **Cherche le sens des mots dans le dictionnaire.**
souverain – béant.

2 **Trouve un synonyme pour chacun des mots.**
les environs – la plaie – sembler.

3 **Trouve l'adjectif correspondant à la définition.**

• Qui n'a plus l'usage de la parole.

4 Donne deux mots de la famille de majesté.

5 Recopie les phrases en les complétant avec la, l'a ou là.

- Cette histoire-..., tu ... inventée.
- Benjamin a donné ... réponse à ... question posée ; le maître ... félicité.
- Cette maison que vous voyez ... est ... plus ancienne de ... ville.
- Céline a débarrassé ... table et a fait ... vaisselle ; Nicolas ... essuyée et ... rangée dans ce meuble-... .

6 Conjugue les verbes percer et donner au passé composé.

---

dictée 284, p. 102 ## Un petit port normand

1 En t'aidant du dictionnaire, trouve un synonyme du mot varech.

2 Recopie en accordant, s'il y a lieu, les compléments du nom.

- des fruits de (mer)
- une odeur de (poisson)
- des émissions de (variété)
- une file de (voiture)
- des tas de (paille)
- une plage de (galet)

3 Forme quatre adjectifs renfermant le suffixe âtre.

4 Deux des verbes suivants sont synonymes. Lesquels ?

dériver – s'échouer – couler – sombrer – tanguer.

5 Donne deux mots de la famille de tanner.

Que signifie l'expression : avoir la peau tannée ?

6 Recopie les phrases en accordant les adjectifs qualificatifs et les participes passés entre parenthèses.

- La rue (principal), aux trottoirs (encombré), était totalement (embouteillé).
- Des pluies (torrentiel) se sont abattues sur cette région (tropical).
- (Porté) par la brise, de (grand) oiseaux (brun) survolaient le navire.
- (Réparti) sur les murs de la (grand) salle, les tableaux attendaient les (premier) visiteurs de l'exposition (annuel).

7 Explique les expressions.

- Le chien s'était blessé au flanc.
- Je souhaite ne pas prêter le flanc à la critique.

8 Conjugue le verbe prononcer à l'imparfait de l'indicatif.

dictée 285, p. 102 La vie sur l'île

1 Donne trois mots de la famille de cueillir.

2 Définis chacun des sens du mot outre.

Il peut avoir deux sens différents selon qu'il est utilisé comme préposition ou comme nom féminin.

3 Recopie en accordant, s'il y a lieu, les compléments du nom.

- des assiettes de *(fruit)*
- des couteaux à *(beurre)*
- des vases de *(fleur)*
- des feuilles de *(papier)*
- des abus de *(confiance)*
- des anneaux de *(cuivre)*

4 Recopie les phrases en les complétant avec leur ou leurs.

- Nous ... offrons ce cadeau.
- Tu ... portes ... valises.
- Elle ... donne ... goûter.
- Pour ... vacances, ils ont prêté ... chalet à ... amis.
- Rendez-... vite ... livres.

5 Recopie les phrases en complétant les mots avec le participe passé en é ou l'infinitif en er.

- Mon voisin a achet... une nouvelle voiture.
- Mathieu avait pens... s'achet... des bonbons, mais il a finalement préfér... économis... son argent.
- Sonia, attrist..., regarde pleur...son jeune frère que papa vient de grond... .
- Fum... est mauvais pour la santé.
- Maman jette les fleurs fan... .

6 Écris les verbes à l'imparfait de l'indicatif. Attention aux accords.

- Tu lui *(apporter)* son courrier.
- Ils le *(faire)* tourner.
- Elle leur *(offrir)* des fleurs.
- Elles le *(couper)* en petits morceaux.

dictée 289, p. 103 Tempête en bord de mer

1 Cherche le sens des mots dans le dictionnaire.

écume – fracas – surgir – abîme.

2 Qu'est-ce que la haute mer ? Donne l'expression contraire.

3 Donne un synonyme de surgir.

4 Recopie les phrases en complétant les mots avec é ou er.

- Je vais chant... .
- Le vent a souffl... toute la nuit.
- J'espère qu'il va pens... à me rapport... mon livre.
- Après avoir roul... toute la journée, le routier est all... se couch... .

5 Recopie en accordant les adjectifs qualificatifs.

- une montagne *(rocheux, élevé, haut)*
- une mer *(agité, furieux, calme)*
- des enfants *(sage, silencieux, discipliné)*
- des villes *(animé, embouteillé, bruyant)*

6 Construis deux phrases en utilisant tel(le) que.

Exemple : La violence était telle que je recevais des jets d'écume.

7 Conjugue les verbes à l'imparfait de l'indicatif.

rouler – tenir – corriger – finir.

dictée 293, p. 105 Victoire à 8 000 mètres

1 Cherche le sens des mots dans le dictionnaire.

arête – raréfié – majestueux.

2 Emploie chaque adjectif qualificatif avec un nom féminin.

moral – familial – matinal – royal – original.

3 Trouve le contraire de chaque adjectif qualificatif.

visible – destructible – croyable – partial – possible – inflammable.

4 Recopie les phrases en les complétant avec ces ou ses.

- Souvent, ... enfants sont astucieux.
- Il a mis ... gants et ... chaussettes de laine.
- Toutes ... histoires me fatiguent.
- N'achète pas ... fruits ; ils sont abîmés.

5 Recopie les phrases en accordant, s'il y a lieu, les adjectifs qualificatifs.

- Les enfants sont *(heureux)*.
- Le chêne est un arbre *(majestueux)*.
- Les derniers hivers n'ont pas été *(rigoureux)*.
- Ces montagnes sont *(majestueux)*.

6 Recopie en conjuguant les verbes au présent de l'indicatif.

- Tu la *(manger)*.
- Le docteur les *(soigner)*.
- Je les *(préparer)*.
- Nous le *(féliciter)*.
- Ils les *(corriger)*.
- Les chats le *(suivre)*.

7 Conjugue les verbes aux 3es personnes du singulier et du pluriel du présent de l'indicatif.

sentir – savoir – rendre – éteindre – voir.

---

dictée 295, p. 105 ## Le retour au village

1 Cherche le sens du mot clarine dans le dictionnaire.

2 Trouve l'adjectif qualificatif correspondant à chaque nom.

l'automne – l'hiver – le printemps – l'été.
Utilise chacun de ces adjectifs avec un nom féminin.

3 Trouve trois noms de la famille de capter.

4 Trouve le nom correspondant à chaque verbe.

Exemple : tournoyer → un tournoiement.

pépier – renier – bégayer – flamboyer – déblayer.

5 Écris les noms au pluriel.

un écrou – un verrou – un clou – un hibou – un aveu – le milieu – un vitrail – un tribunal – un signal – un bateau.

6 Mets les noms au singulier.

les journaux – les hameaux – les métaux – les creux – les croix – les épieux.

7 Recopie les phrases en accordant, s'il y a lieu, les adjectifs numéraux.

- Il y avait au moins deux *(cent)* personnes dans le cinéma.
- Il demanda aux *(cinq)* premiers élèves de le suivre.
- Un cadeau sera adressé aux *(mille)* premières réponses.

8 Conjugue le verbe entendre à l'imparfait de l'indicatif.

dictée 300, p. 107 Le réveil au refuge

1 **Cherche le sens des mots dans le dictionnaire.**

pointer – commune – fumant.

2 **Recopie en complétant les phrases avec on ou on n'.**

- … écoute les informations à la radio.
- … aime pas les tricheurs.
- … a gagné le match.
- … ignore la direction du village.
- Quand … est susceptible, … admet pas les remontrances.
- … est pas rentré sans permission.

3 **Recopie les phrases en accordant, s'il y a lieu, les participes passés.**

- Ils ont *(regardé)* la télévision.
- Les colis sont *(trié)*, puis *(envoyé)* aux destinataires.
- Les Vikings ont *(pillé)* beaucoup de villes.
- Les malades ont été bien *(soigné)* et sont *(guéri)*.
- Les élèves ont *(vérifié)* leurs exercices ; ils sont maintenant *(corrigé)* par le maître.

4 **Écris les verbes à l'imparfait de l'indicatif en les accordant avec leur sujet.**

- J'*(observer)* de loin les oiseaux qui *(pépier)* sur les fils.
- C'est toi qui *(avoir)* le meilleur résultat.
- Le bébé qui *(pleurer)*, *(devenir)* tout rouge.
- Nous *(écouter)* notre grand-père raconter des histoires qui lui *(rappeler)* sa jeunesse.
- Parmi tous les livres présentés, elle *(choisir)* ceux qui *(parler)* du Grand Nord.

5 **Conjugue les verbes aux 1res personnes du singulier et du pluriel de l'imparfait et du plus-que-parfait.**

raconter – avoir – entendre – franchir.

dictée 304, p. 108 L'arbre de Noël

1 Cherche le sens des mots dans le dictionnaire.

un épicéa – le faîte – une parure.

2 Donne plusieurs noms de résineux.

3 Trouve un synonyme des mots.

faîte – paré.

4 Trouve le contraire des mots.

apporter – grand – joie.

5 Recopie les groupes nominaux en accordant les adjectifs qualificatifs.

- des sapins *(vert)*
- des nuages *(blanc)*
- une cape *(noir)*
- une robe *(orange)*
- des pantalons *(bleu marine)*

des haies *(vert)*
du linge *(blanc)*
des masques *(noir)*
des chaussures *(orange)*
des jupes *(bleu marine)*

une herbe *(vert)*
des roses *(blanc)*
un short *(noir)*
des feuilles *(orange)*
une trousse *(bleu marine)*

6 Recopie les phrases en complétant les mots inachevés.

- Certains fusils ont des ba...onnettes.
- Le ca...man est un crocodile d'Amérique.
- L'ou...e est un des cinq sens.
- C'est un na...f ; il croit tout ce qu'on lui dit.
- Le ma...s est une céréale qui vient d'Amérique.

7 Reproduis le tableau en conjuguant les verbes au présent de l'indicatif.

pronoms \ verbes	feindre	perdre	mentir
je			
tu			
nous			
ils			

dictée 308, p. 109 Les dictons

1 **Cherche dans le dictionnaire le sens des mots.**

un dicton – reflet – rigueur

2 **Trouve un synonyme à l'expression** le cours du temps.

3 **Recopie les phrases en les complétant par** on ou ont.

- Les employés communaux ... salé les routes trop enneigées.
- Pierre et Solène t' ... vu passer sur ton vélo, mais ils n' ... pas pu te rejoindre.
- Selon le temps, ... randonnera ou ... jouera aux cartes.
- Mes parents m' ... encouragé à entreprendre ce voyage.

4 **Recopie les phrases en écrivant les verbes au présent.**

- Les petites violettes à peine écloses égai... les talus.
- Les pluies verglaçantes tomb... et rend... les routes dangereuses.
- Il lit ses messages et y répon... .
- Les vents qui vien... de l'ouest apport... la pluie.
- L' aigle repèr... ses proies et les observ... attentivement avant d'attaquer.

5 **Complète les phrases suivantes à l'aide de sujets et accorde les verbes.**

- L...,l..., l... et le ..., (*porter*) des aiguilles, pas des feuilles.
- L..., l..., l..., l... (*faire*) partie des couleurs de l'arc-en-ciel.
- ... , ... , ... , ... et ... (*se rassembler*) tous les vendredis pour répéter leurs nouvelles chansons.

6 **Conjugue au passé composé les verbes.**

entourer – prendre.

dictée 313, p. 111 Le printemps

1 **Cherche le sens du mot** froidure **dans le dictionnaire.**

2 **Forme les adjectifs qualificatifs correspondant aux noms.**

Exemple : un matin → matinal.

un ami – la Provence – l'Orient – l'horizon – une brute.

3 **Donne un homonyme du mot** coup. **Utilise-le dans une phrase.**

4 **Recopie les phrases en les complétant avec** tout, tous **ou** toutes.

- ... le monde est là.
- Pour être bien portant, il faut manger de ... .
- Nous allons ... à la piscine le lundi.
- Je vais à l'école ... les jours.
- Je n'aime pas ... les fleurs.

5 Mets les noms au pluriel.

un drapeau – un oiseau – un traîneau – un ciseau – un escabeau – un crapaud.

6 Mets les adjectifs qualificatifs au féminin.

- un appartement *loué*　　　　　une maison ...
- un poulet *plumé*　　　　　　　une poule ...
- un glaçon *fondu*　　　　　　　de la neige ...
- un loup *pris* au piège　　　　une louve ... au piège.

7 Observe bien l'orthographe des mots.

le printemps – un rendez-vous – désormais.

dictée 315, p. 112 La giboulée

1 Trouve deux mots de la famille de gris.

2 Observe bien l'orthographe des mots.

une giboulée – une pellicule – la grêle.

3 Mets les noms au singulier.

les pays – les toits – les mois – les progrès.

4 Recopie en accordant, s'il y a lieu, les compléments du nom.

- une averse de *(neige)*　　　　　un château de *(carte)*
- une multitude de *(flocon)*　　　des plages de *(sable)*
- un flot de *(reproche)*　　　　　un trousseau de *(clé)*

5 Donne le participe passé des verbes.

peindre – teindre – feindre.

6 Recopie les groupes nominaux en accordant les adjectifs qualificatifs.

- un chat et une chienne *(noir)*　　une table et une chaise *(cassé)*
- une nappe et un rideau *(blanc)*　un ruisseau et une rivière *(asséché)*

7 Recopie les phrases en conjuguant les verbes au temps demandé.

- La pluie *(tomber – imparfait)* froide et fine.
- Les arbres *(luire – imparfait)* nus et noirs.
- Tout à coup une bourrasque *(arracher – passé simple)* la dernière feuille qui *(s'accrocher – imparfait)* désespérément .
- Le vent *(partir – passé-simple)* derrière les collines et *(descendre – passé simple)* vers le hameau.

8 Conjugue les verbes rincer et sortir au passé simple.

dictée 328, p. 116 Les chèvres

1 Comment appelle-t-on le mâle de la chèvre ?

2 Trouve l'adjectif qualificatif correspondant à chaque définition.

- Que l'on ne peut décrire.
- Que l'on ne peut franchir.
- Que l'on ne peut contourner.
- Que l'on ne peut manger.

3 Recopie en accordant les adjectifs qualificatifs.

- une chèvre et un cabri *(têtu)*
- un casque et une cape *(noir)*
- une politesse et une discrétion *(remarquable)*

4 Recopie en accordant les adjectifs qualificatifs.

- des livres d'histoire *(réputé)*
- une table de jardin *(bancal)*
- une partie de cartes *(interminable)*
- une levée de boucliers *(général)*

5 Recopie les phrases en accordant, s'il y a lieu, les participes passés.

- Les enfants étaient *(descendu)* dans la cour ; ils avaient *(joué)* au ballon.
- Nous avions *(espéré)* que ces histoires étaient *(inventé)*.
- Le vent s'était *(levé)*. La mer était *(devenu)* furieuse. Les navires avaient été *(ballotté)* en tous sens.
- Les remplaçants étaient *(resté)* sur le banc.

6 Conjugue les verbes avancer et atterrir à l'imparfait de l'indicatif.

dictée 349, p. 123 Le trappeur

1 Cherche le sens du mot bourrasque dans le dictionnaire.

2 Forme un nom en eur à partir de chaque mot.

une course – une trappe – profond – noir – splendide – instruire.

3 Trouve trois synonymes de coup de vent.

4 Trouve deux mots de la famille de brave.

5 Trouve trois autres verbes commençant par la même syllabe que le verbe accuser.

6 Recopie les phrases en complétant les mots en i. Justifie la terminaison des verbes en écrivant l'imparfait de l'indicatif en dessous.

- La rivière, gross... par les pluies, sort... de son lit.
- Marie réuss... son exercice.
- Les bébés bien nourr... ont de bonnes couleurs.
- L'hirondelle constru... son nid sous les toits.
- Ses devoirs fin..., il part... jouer.

7 Conjugue les verbes au présent de l'indicatif.

- elles le *(déplacer)*
- tu les *(admirer)*
- ils le *(ranger)*
- vous la *(regarder)*

8 Conjugue les verbes courir et aplatir au présent de l'indicatif.

dictée 350, p. 123 Au large du Groenland

1 Cherche le sens des mots dans le dictionnaire.

empaqueté – cales – pont – manœuvre.

2 Transforme chaque expression selon l'exemple.

Exemple : peler une orange → une orange pelée.

- saler la viande
- chanter une comptine
- laver le linge
- coller des carreaux
- distribuer des lettres
- peler une pomme

3 Recopie les phrases en accordant les adjectifs qualificatifs.

- Ces fleurs sont *(joli)*.
- Mathilde et Line sont *(infatigable)*.
- Les villages de Provence sont *(pittoresque)*.
- Les sommets, *(recouvert)* de neige, sont *(magnifique)*.
- Une dictée *(relu)* évite bien des fautes *(simple)*.

4 Donne trois mots de la famille de manœuvre. Emploie-les dans des phrases.

5 Conjugue les verbes au présent de l'indicatif.

- je *(vendre)*
- tu *(mentir)*
- nous *(pendre)*
- je *(taper)*
- vous *(passer)*
- elle *(gravir)*
- vous *(louer)*
- tu *(mordre)*
- elles *(sentir)*

dictée 353, p. 124 Chercheurs d'or

1 Cherche le sens des mots dans le dictionnaire.

prospecter – hostile – un filon.

2 Parmi ces verbes, un seul est synonyme de se répandre. Lequel ?

se répartir – se propager – se perdre – s'enfuir.

3 Complète les mots.

- Elle achète une machine à lav... .
- Il nage sans respir... .
- Adeline court pour attrap... Léa.
- Nous venons de cré... une association.
- Répondez sans hésit... .
- Il faut réfléchir pour mieux consomm... .

4 Trouve deux mots de la famille de nécessité.

5 Recopie en accordant les adjectifs qualificatifs.

- des garçons et des filles *(égaré)*
- des roses et des œillets *(blanc)*
- des projets et des idées *(désastreux)*

6 Deux de ces adjectifs qualificatifs sont synonymes. Lesquels ?

éreintant – amusant – méfiant – exténuant – passionnant – déconcertant.

Trouve-leur une définition commune.

7 Chasse l'intrus.

un convoi – convoyer – la convoitise – un convoyage – un convoyeur.

dictée 356, p. 125 L'évolution d'un métier

1 Cherche le sens des mots dans le dictionnaire.

passe-partout – tronçonneuse – agoniser – strident.

2 Recopie les phrases en les complétant avec a ou à.

- Thomas ... accompagné sa sœur ... la gare.
- Maman ... gagné ... un concours ; elle ... reçu son prix ce matin.
- Le public ... applaudi ... tout rompre le chanteur ... la fin du spectacle.
- Le présentateur ... offert un voyage ... La Réunion ... l'heureuse gagnante.

3 Recopie les phrases en conjuguant les verbes à l'imparfait de l'indicatif.

- Il *(apprendre)* sa leçon.
- Je *(faire)* un devoir.
- La voiture *(rouler)* vite.
- Nous *(jouer)* au football.
- Elles *(chanter)* bien.
- Tu *(courir)* vite.

4 Conjugue les verbes au passé composé.

chanter – paraître – mordre.

5 Observe bien l'orthographe des mots.

lors – autrefois.

6 Trouve un homonyme de si et emploie-le dans une phrase.

dictée 373, p. 130 La recherche scientifique

1 Cherche le sens des mots dans le dictionnaire.

terrifiante – tragédie.

2 Mets les noms au pluriel.

Exemple : un journal → des journaux.

un cheval – un canal – un tribunal – un arsenal – un amiral.

3 Recopie les phrases en conjuguant les verbes au présent de l'indicatif.

- On (attendre) le train depuis une heure.
- On (jouer) au Monopoly pendant les vacances.
- On (obéir) à ses parents.
- Quand on (avoir) du courage, on (oser) dire ce que l'on (penser).

4 Recopie les phrases en les complétant avec ou ou où.

- Cette année, ... irez-vous en vacances ?
- Que préfères-tu : le cinéma ... le théâtre ?
- Voulez-vous jouer à pile ... face ?
- Il ira ... on lui dira d'aller.
- Par ... penses-tu passer pour te rendre à Paris ?

5 Recopie les phrases en conjuguant les verbes au présent de l'indicatif.

- Il (apprendre) vite ses leçons.
- Nous ne (comprendre) pas tout ce que dit cet Anglais.
- Aujourd'hui, les jeunes gens (pouvoir) conduire dès l'âge de seize ans.
- Tu (comprendre) qu'elles ont mal agi.
- L'artiste (créer) une œuvre.

dictée 377, p. 132   La modernisation de l'agriculture

1   **Cherche dans le dictionnaire le sens des mots.**

faucher – hectare.

2   **Trouve trois mots de la famille de commerce.**

3   **Observe bien l'orthographe des mots.**

moissonneuse – nécessaire.

4   **Recopie les phrases en complétant les mots inachevés.**

- Il a acheté une nouvelle machine à lav... .
- Célio refuse de mang... du riz.
- Tu ne dois pas entrer sans frapp... .
- Isole-toi pour te repos... .
- Le peintre commence par décoll... l'ancien papier.
- Ils sont invités à se rend... à l'hôtel de ville pour recev... leur récompense.
- Cet appareil sera idéal pour photographi... la vie sous-marine.

5   **Conjugue à l'imparfait de l'indicatif les verbes.**

devoir – pouvoir.

6   **Conjugue les verbes au passé simple.**

tenir – venir – placer.

dictée 381, p. 133   Internet

1   **Cherche dans le dictionnaire le sens des mots.**

média – mail.

2   **Quels autres médias connais-tu ?**

3   **Trouve deux mots de la famille d'accès.**

4   **Donne le participe passé de chacun des verbes suivants et emploie-le avec un nom masculin pluriel, puis avec un nom féminin pluriel.**

Exemple : préparer → des plats préparés – des dictées préparées.

former – essuyer – construire – prendre.

5 Recopie les phrases en les complétant avec c'est ou s'est.

- Le temps ... nettement refroidi ; ... de nouveau le plein hiver.
- Son spectacle était parfait ; ... un grand succès.
- Miraculeusement, ... sur une île qu'il ... posé. Mais laquelle ?
- La brume ... dissipée ; ... le retour du grand soleil.
- Lors du tournoi, ... une petite équipe qui ... montrée la meilleure et a gagné.

6 Conjugue les verbes au présent de l'indicatif.

devoir – mettre – pouvoir.

---

dictée 396, p. 139 Entraîneur sportif

1 Cherche le sens du mot motiver.

2 Donne le nom de cinq disciplines sportives.

3 Trouve les adverbes formés à partir des adjectifs suivants.

cru – goulu – continu.

4 Trouve les adjectifs qui ont permis de former ces adverbes.

élégamment – indépendamment – insuffisamment – méchamment – savamment.

5 Recopie les phrases en complétant les mots avec é ou er.

- Le linge est repass..., puis rang... dans l'armoire.
- Je dois arrêt... l'ordinateur avant d'all... me couch... .
- Ses admirateurs sont venus lui apport... des fleurs.
- L'été pass..., l'automne va s'install... et nous apport... de la fraîcheur.
- Le pain coup... est dépos... dans la corbeille.

6 Recopie les phrases en les complétant avec dont ou donc.

- L'amie ... je te parle est toujours en voyage.
- Il fait −1 °C, ... les flaques d'eau vont geler.
- Fais ... un peu attention à ce que tu dis !
- La pièce ... je repeins la porte sera ma chambre.

dictée 399, p. 140 Pliages chinois

1 Trouve deux mots de la famille de art.

2 Recopie en accordant les adjectifs qualificatifs.

- un lever *(matinal)*
- un sentier *(boueux)*
- un lac *(artificiel)*
- un temps *(pluvieux)*

la rosée *(matinal)*
une rue *(boueux)*
une fleur *(artificiel)*
des matinées *(pluvieux)*

3 Quel mot n'a pas le même sens que les autres ?

sauf – hormis – parfois – excepté.

4 L'un de ces adjectifs ne commence pas par le préfixe mal. Lequel ?

malaisé – malencontreux – maladroit – malhonnête.

5 Trouve le verbe correspondant à cette définition : se rendre maître.

dominer – contenir.

6 Trouve le verbe correspondant à cette définition : observer longuement.

contempler – apercevoir – entrevoir – découvrir.

7 Recopie les phrases en complétant les mots, s'il y a lieu.

- Caroline envoi... une carte postale à ses parents.
- Sa mère fait un envoi... de vêtements en Amérique du Sud.
- Le champion a réalisé un bond prodigieux à son troisième essai... .
- Carlos essai... de résoudre son problème.
- Papa sommeil... devant la télévision.
- Le navigateur solitaire souffre du manque de sommeil... .
- Pour réussir, j'aurais besoin de votre appui... .
- Jonathan appui... son vélo contre le mur.

8 Conjugue les verbes au présent de l'indicatif.

naître – essayer.

dictée 401, p. 141   Au cirque

1 Cherche le sens des mots dans le dictionnaire.

un chapiteau – les gradins – un funambule.

2 Le mot impatient est formé du préfixe im et de l'adjectif qualificatif patient. Forme cinq adjectifs qualificatifs sur le même modèle.

3 Recopie les phrases en les complétant avec ce ou ceux.

• ... que je préfère, c'est le cinéma.
• ... qui jouent aux échecs feront un tournoi.
• ... sera bientôt l'été.
• Au cirque, parmi tout ... qu'on nous propose, les numéros que je préfère sont ... des clowns et des funambules.
• ... plat est sale.

4 Recopie en complétant les mots avec n ou m.

une o...bre – un ti...bre – gri...per – un co...pteur – longte...ps – un bo...bon – du ja...bon – néa...moins.

5 Recopie en complétant les mots avec la lettre manquante.

une sanc...ion – une ra...ion – une ini...iale – la démocra...ie – la calvi...ie – la diploma...ie.

6 Conjugue les verbes au présent, puis au futur simple de l'indicatif.

• je (descendre)
• il (être)
• ils nous (demander)
• nous (vendre)
• ils (faire)
• nous nous (perdre)
• elles (être)
• vous (attendre)
• elle vous (parler)

`dictée 414, p. 146` La pollution

1 Cherche le sens des mots dans le dictionnaire.

charrier – toxique – désolation.

2 Mets les noms au pluriel.

le bateau – un château – un cargo – un ciseau – un escabeau.

3 À partir des adjectifs qualificatifs, forme des adverbes.

Exemple : habituel → habituellement.

annuel – manuel – essentiel – artificiel – cruel.

4 Recopie les phrases en conjuguant les verbes à l'imparfait de l'indicatif.

- Je *(chanter)* un air d'opéra.
- Les enfants *(courir)* dans la rue.
- Tu *(vouloir)* venir avec moi.
- Nous *(être)* d'accord.
- Je *(grimper)* dans l'arbre.
- L'élève *(revoir)* sa leçon.
- Vous *(jouer)* ensemble.
- Nous *(balayer)* la cuisine.

5 Recopie les phrases en écrivant correctement les participes passés des verbes entre parenthèses.

- Les automobilistes avaient *(allumer)* leurs phares de bonne heure.
- Nous avons *(écouter)* l'émission de radio.
- Les cigales ont *(chanter)* tout l'été.
- Les dettes ont été *(payer)*.
- Les artistes avaient été *(applaudir)* longuement.

6 Recopie les phrases en les complétant avec tout ou tous.

- Julie a fait rire … le monde avec son histoire.
- J'ai donné … les jouets dont je ne me sers plus.
- Ne crois pas … ce qu'il raconte.
- Le gagnant du jeu a sauté… habillé dans la piscine.
- … les jours, mon chien cache son os dans le jardin.

dictée 417, p. 147 ## Au bord du cratère

1 Comment appelle-t-on le chercheur qui étudie les volcans ?

2 Observe les mots suivants et cherche quatre autres mots formés de la même façon.

accident – accueil – accessoire – accorder – accomplir – accablant.

3 Donne un synonyme de suffoquer. Trouve deux mots de la même famille.

4 Recopie les phrases en les complétant avec leur ou leurs.

• Nous ... rendons ... livres.
• Les touristes se sont perdus ; je ... indique la bonne direction.
• Prête-... ta paire de jumelles.
• Je ... demande des nouvelles de ... mère.

5 Mets les mots au pluriel.

un creux – un nez – un radis – une croix.

6 Observe bien l'orthographe des mots.

l'atmosphère – une asphyxie.

7 Recopie les phrases en conjuguant les verbes au présent de l'indicatif.

• Je les *(forcer)* à écouter.
• Tu les *(donner)* à ta mère.
• Elles la *(rendre)* à son propriétaire.

8 Conjugue les verbes au présent de l'indicatif.

rire – étudier – conduire.

dictée 428, p. 150 ## Léonard de Vinci

1 Choisis, pour chacun des noms suivants, la bonne définition (a à e).

l'anatomie – la géologie – la cartographie – la calligraphie – la botanique.

a. L'art de concevoir des cartes.

b. L'étude du corps et des organes.

c. L'étude des roches et des fossiles.

d. L'étude des végétaux.

e. L'art de l'écriture.

2 Donne trois mots de la famille du verbe observer.

3 Comment appelle-t-on une qualité ou un talent naturel ?

4 Recopie les phrases en les complétant avec son ou sont.

- Clémence et ... frère ... partis se promener en forêt.
- Les tableaux de Picasso ... célèbres dans le monde entier.
- Les voitures se ... arrêtées au feu rouge.
- Ce ... ces dessins qui lui ont valu ... premier prix.

5 Recopie chaque phrase en la complétant avec le mot qui convient.

- Un engin capable de se déplacer sous la surface des eaux est un ... .
- Ce que l'on trouve à la fin d'une opération s'appelle le ... .
- Une œuvre remarquable, magnifique, est un ... .
- Un ... est une personne qui a des connaissances très étendues.

6 Donne un synonyme du mot prodigieux.

7 Conjugue les verbes au passé simple.

être – rester.

---

dictée 429, p. 150 Un échange avantageux

1 Trouve trois mots de la famille de commerce.

2 Cherche le sens du mot transaction et utilise-le dans une phrase.

3 Recopie les phrases en accordant, s'il y a lieu, les participes passés entre parenthèses.

- (Pressé) par son adversaire, la joueuse avait perdu le ballon.
- (Scandalisé) par les paroles qu'elles venaient d'entendre, plusieurs personnes sortirent.
- (Absorbé) par son travail, il n'entendit pas sa sœur entrer.
- (Applaudi) par ses admirateurs, la chanteuse s'avança vers son public.

4 Recopie les phrases en écrivant les groupes entre parenthèses au pluriel, si le sens le justifie.

- Les élèves résolvaient de (petit problème).
- C'étaient des affaires de (peu d'importance).
- Cet homme, autrefois respecté, s'était attiré de (gros ennui) pour des événements qui restaient de (triste mémoire).
- Des trappeurs de (race blanche) échangeaient avec les Indiens de (pleine caisse d'alcool) contre de (superbe fourrure).
- Ces bijoux n'étaient que de (faible valeur).

5 Recopie les phrases en accordant les adjectifs qualificatifs.

- Les arbres (*noir*), aux branches (*nu*), attendent le printemps.
- Une fois (*rincé*), les cheveux sont (*peigné*).
- Leurs (*long*) dents semblaient (*prêt*) à mordre.
- Ces (*sombre*) sentiers sont souvent (*emprunté*).
- Dans les champs (*labouré*), la terre est (*épais*) et (*brun*).

6 Conjugue le verbe faire à l'imparfait de l'indicatif.

---

dictée 430, p. 151 Les châteaux forts

1 Cherche le sens des mots dans le dictionnaire.

pillage – refuge – périls – chef-d'œuvre.

2 Mets les mots composés au pluriel.

- un chien-loup
- une pomme de terre
- un garde-pêche
- le garde-manger
- la grand-mère
- une reine-marguerite.

3 Recopie en accordant les adjectifs qualificatifs.

- de (*haut*) tours
- des jeux (*dangereux*)
- des idées (*généreux*)
- des salles (*sombre*)
- des recettes (*savoureux*)
- des seigneurs (*puissant*)

4 Recopie les phrases en conjuguant les verbes au présent de l'indicatif. **Attention à l'accord du verbe avec son sujet.**

- Sur la mare (*évoluer*) la cane et ses petits.
- Dans cette rivière (*s'abreuver*) les animaux de plusieurs fermes.
- Sur les cimes (*vivre*) l'aigle royal.
- Derrière les chiens (*apparaître*) un lourd traîneau.
- Dans le jardin (*chanter*) les rossignols.

5 Recopie chaque phrase en la complétant avec le mot qui convient.

- Les Hollandais habitent en … .
- La Vendée se trouve dans la région appelée Pays de la … .
- La période qui suit le Moyen Âge est la … .
- La Chine est un pays d'… .

dictée 432, p. 151 La route de la soie

1 **Cherche le sens des mots ou expressions dans le dictionnaire.**

un ballot – un bât – à satiété.

2 **Recopie en complétant avec quel ou quelle.**

- … chance !
- … ennui !
- … courage !
- … catastrophe !

3 **Recopie les phrases en les complétant avec on ou ont.**

- … admire les gens qui … du courage.
- Chaque soir, … fermait les volets dès la nuit tombée.
- … sait bien que ses amis … une grande influence sur lui.

4 **On a oublié l'accent circonflexe sur certains de ces verbes. Recopie-les sans faute ! (Tu peux t'aider du dictionnaire.)**

lacher – cloturer – colorier – bacler – avouer – accrocher – déplaire – débater – hériter – paitre.

5 **Recopie en conjuguant les verbes au présent de l'indicatif.**

- il les *(écouter)*
- tu le *(regarder)*
- ils la *(nettoyer)*
- je les *(essuyer)*
- elles le *(gronder)*
- nous te *(remercier)*
- on *(partir)*
- il *(revenir)*

6 **Recopie en accordant, s'il y a lieu, les participes passés et adjectifs verbaux.**

- des colis ficelé…
- des clous enfoncé…
- des parfums entêtant…
- des pommades cicatrisant…
- un dessin coloré…
- une porte claqué…
- des nuages rougeoyant…
- des pluies verglaçant…

dictée 441, p. 154 L'Australie

1 **Cherche le sens des mots dans le dictionnaire.**

parsemé – fabuleux – épineux – moutonné – émeu.

2 **Recopie les mots en les complétant selon l'exemple.**

Exemple : rouge → rougeâtre.

blanc – noir – jaune – gris – vert.

3 **Recopie les phrases en accordant les adjectifs qualificatifs.**

• Les glaciers (*scandinave*) plongent dans la mer (*gris*).
• Le réchauffement climatique risque de provoquer de (*dangereux*) remontées des eaux.
• La banquise est (*appelé*) à fondre petit à petit.
• Les changements (*observé*) dans le climat risquent d'être de plus en plus (*important*) dans les années à venir.

4 **Écris les nombres en lettres.**

5 – 7 – 8 – 13 – 16 – 19 – 20.

5 **Recopie les phrases en orthographiant correctement** quelque.

• Il avait (*quelque*) difficulté à terminer sa course.
• Tu récites ta poésie avec (*quelque*) hésitations.
• Je viendrai dans (*quelque*) temps.
• J'ai senti (*quelque*) gouttes ; il va pleuvoir.
• Nous sommes un vendredi 13 ! Il va sûrement m'arriver (*quelque*) aventure !

6 **Recopie les phrases en les complétant avec** et **ou** est.

• Il ... tard ; il faut te coucher.
• Qu' ...-il arrivé ?
• Le bol tombe ... se casse.
• Qu'elle ... douce ... gentille !

dictée 444, p. 156 Le Transsibérien

1 Explique ce qu'est le décalage horaire.

2 Donne l'infinitif de ces deux verbes.

tu relies – tu relis.

3 Trouve deux synonymes au mot parcours.

4 Recopie les phrases en complétant les mots par ée, té ou tié.
- À l'or... du bois, nous avons cueilli une brass... de jonquilles.
- L'humidi... s'est déposée pendant la nuit ; c'est la ros... du matin.
- Liber..., Égal..., Fraterni... sont les mots de la devise de la République française.
- À la crois... des routes, nous trouverons des panneaux indicateurs.
- La grande nouveau..., c'est ce minuscule ordinateur.

5 Recopie le texte en le complétant par et ou est.

Il ... temps de partir. Nous avons rempli le coffre de bagages ... fixé les vélos sur le toit. La voiture ... chargée ... nous sommes impatients de prendre la route. Notre destination ... un petit village dans les Alpes. C' ... demain matin que nous arriverons ... nous serons fatigués de notre voyage.

6 Conjugue les verbes aux trois premières personnes du singulier du présent de l'indicatif.

scier – plier – crier.

dictée 445, p. 156 La construction d'un igloo

1 Cherche le sens des mots dans le dictionnaire.

ivoire – bloc – spirale – dôme.

2 Recopie chaque nom en le complétant, puis ajoute un complément du nom.
- la rentré...
- de la puré...
- une pincé...
- une gorgé...
- une cuilleré...
- une randonné...

3 Forme des adverbes à l'aide des adjectifs qualificatifs.

parfait – clair – prudent – récent – fort.

4 Trouve un nom de la famille de chaque verbe.

Exemple : construire → une construction.

sentir – fréquenter – décrire – agir – additionner.

5 Recopie les phrases en les complétant avec tout, tous ou toutes.

- Il travaille ... les jours.
- ... à coup, il surgit.
- On dit que ... les chemins mènent à Rome.
- Demain, ... les régions françaises seront sous les nuages.

6 Écris quatre courtes phrases avec chaque et l'un des noms suivants.

jour – fauteuil – personne – fleur.

7 Donne le participe présent des verbes.

être – avoir – encouragé – ouvrir – pédaler – corriger – jeter – éteindre – finir – grandir.

8 Conjugue les verbes aux trois personnes du singulier de l'imparfait et du passé simple de l'indicatif.

découper – grandir – placer – ouvrir.

dictée 450, p. 158   Le départ

1 Cherche le sens des mots dans le dictionnaire.

docker – appareiller – amarre.

2 Recopie les noms en les complétant.

une gorgé... – la matiné... – la cheminé... – une rangé... – la jeté... – la rentré... – une enjambé... – une cuilleré... .

3 Complète les mots à l'aide de f ou ff, c ou cc, p ou pp.

- Quand on dit oui, on a...irme.
- Je t'a...ellerai demain.
- Théo a un a...roc à son pantalon.
- C'est une pièce qui se joue en 3 a...tes.
- Mon nouvel a...areil photo numérique est très petit.
- E...ectivement, je suis arrivé en retard.
- L'a...erçois-tu au loin ?

4 Recopie les phrases en les complétant avec près ou prêt.

- Il ne faut pas marcher si ... du bord.
- ... de son maître, le chien se tient ... à bondir.
- Un ami doit toujours être ... à rendre service.
- L'accident dont il parle a eu lieu ... d'ici.

5 Conjugue les verbes au présent de l'indicatif.

sortir – cueillir – offrir.

6 Conjugue les verbes au passé composé, aux trois personnes du pluriel.

se laver – s'informer.

---

dictée 453, p. 159 Voyage

1 Cherche le sens des mots dans le dictionnaire.

enthousiasme – hâte – touristique – site.

2 Recopie les phrases en les complétant avec si ou s'y.

- … on veut réussir, il faut … mettre de bonne heure.
- Pourquoi t'es-tu levé … tard ?
- Elle est … étourdie qu'elle a oublié l'heure !
- Cette histoire est … compliquée que l'on … perd.
- C'est sa place et il … trouve bien.

3 Recopie les phrases en les complétant avec ni ou n'y.

- … va pas ! c'est interdit !
- Ne vous installez pas là, vous … verrez rien.
- La température est idéale, … trop chaude, … trop fraîche.
- J'aime la salade sans poivre … sel.

4 Conjugue les verbes au présent du conditionnel.

- tu (*régler*)
- il (*être*)
- il (*falloir*)
- tu (*tenir*)
- je (*se préparer*)
- nous (*venir*)
- nous (*tenir*)
- elle (*traverser*)
- ils (*sauter*)
- il (*gravir*)
- je (*s'écarter*)
- elles (*choisir*)

V

DiCTÉES

L'école

222 La dictée

• présent
de l'indicatif

Le vendredi matin, nous faisons une dictée. Tout le monde se concentre. Le <u>maître</u> <u>dicte</u> lentement. <u>Je</u> ferme les <u>yeux</u>, espérant voir défiler dans mon <u>esprit</u> le bon accord, la bonne terminaison. Axel, lui, interroge le plafond, tandis que ma voisine griffonne un mot sur sa main pour voir quelle orthographe lui convient le mieux.

QUESTIONS

1) Explique : *Axel interroge le plafond.*

2) Donne un synonyme du verbe *interroger*.

3) Dans quel sens le verbe *se concentrer* est-il utilisé ?
Fais une phrase en l'employant dans un autre sens.

4) Donne la nature et la fonction des mots soulignés.

5) Conjugue la première phrase au futur simple de l'indicatif.

223 Le jour de la rentrée

• présent
de l'indicatif

C'est la rentrée. Les petits, qui viennent de l'école maternelle, découvrent de nouveaux bâtiments scolaires. Je crois bien qu'ils ont un peu peur ! Nous, les grands, le matin nous faisons quelques exercices de révision, et l'après-midi, nous allons visiter le gymnase. Le maître explique que tous les élèves doivent avoir une tenue d'éducation physique.

224 Le contrôle

• indicatif

• conditionnel
présent

<u>Après la récréation</u>, <u>on</u> a <u>un contrôle de grammaire</u>. Comme d'habitude, mademoiselle Paprika a préparé des questions horriblement difficiles. Il y en a beaucoup trop ! Je n'y arriverai jamais ! Je demanderais bien à Pauline de m'aider, mais mademoiselle Paprika <u>nous</u> surveille de près. La classe est tellement silencieuse qu'on pourrait entendre une mouche voler ! Sauf, bien sûr, quand Pauline éternue.

B. Nicodème, *Le secret de Futékati,* coll. « Bibliothèque rose »,
© Hachette Jeunesse, 1999.

QUESTIONS

1) Relève deux adverbes de manière.

2) Donne la fonction des mots ou groupes de mots soulignés.

3) Relève les verbes conjugués. Indique le temps et le mode auxquels ils sont conjugués.

225 Matin de rentrée

Dans la cour, les élèves échangent leurs souvenirs de vacances : Chloé est allée en Bretagne, Abdel a passé deux mois au Maroc, Océane a navigué en Méditerranée, Manon et Valentin sont restés chez eux. Maintenant, ils sont impatients de découvrir leur nouvelle classe. La cloche retentit ; on se range en silence avant de rentrer. Aussitôt, la maîtresse distribue les livres et les cahiers. Une nouvelle année scolaire commence. Il faut désormais penser à travailler !

- présent de l'indicatif
- passé composé
- accord du participe passé
- préposition et infinitif du verbe
- verbes en -cer, -ger et -guer

226 La récréation
dictée préparée p. 50

Les portes des classes s'ouvrent une à une et la cour s'anime : c'est l'heure de la récréation. Des enfants courent, d'autres jouent aux billes, d'autres enfin se racontent des histoires. Les maîtres surveillent. La sonnerie retentit. Que c'est court ! Ce moment de repos tant attendu est déjà fini et il faut retourner en classe. Les rangs disparaissent l'un après l'autre, la cour redevient vide et silencieuse.

- présent de l'indicatif
- et/est

227 Des après-midi magiques
dictée préparée p. 50

De toutes les disciplines enseignées à l'école primaire, celle que nous préférions était la géographie. Le vendredi, à 13 h 30, nous allions dans la salle audiovisuelle où le maître commençait par nous présenter le film à venir. Nous étions impatients de partir pour des contrées lointaines. Les hautes montagnes aux crêtes enneigées, les plateaux sauvages et les vallées verdoyantes avaient de moins en moins de secrets pour nous.

- imparfait de l'indicatif
- accord des adjectifs qualificatifs

QUESTIONS

1) Explique : *partir pour des contrées lointaines ; de moins en moins de secrets pour nous.*

2) Donne un synonyme de *contrées*, un contraire de *lointaines*.

3) Donne la nature et la fonction des mots soulignés.

4) Conjugue les verbes *aller* et *partir* aux 1res personnes du singulier et du pluriel, au présent et au passé simple de l'indicatif.

228 **Si je pouvais choisir...**

• conditionnel présent

J'aimerais une école tournée vers la nature. La classe serait une classe-jardin très <u>vaste</u>, transparente et ensoleillée où je pourrais utiliser mes talents de <u>botaniste</u>. Une véranda fleurie permettrait de pénétrer dans le <u>royaume</u> des livres et de s'y plonger tout en profitant du calme offert par <u>ce</u> coin champêtre. Mes travaux préférés resteraient l'écriture, la peinture et le dessin que j'exécuterais d'après nature.

QUESTIONS

1) Explique : *une école tournée vers la nature ; ce coin champêtre ; j'exécuterais d'après nature.*
2) Trouve un synonyme pour l'expression : *royaume des livres.*
3) Trouve le radical de *champêtre*, puis donne deux mots de la même famille.
4) Donne la nature et la fonction des mots soulignés.
5) Donne la nature des propositions de la dernière phrase.
6) Conjugue au futur simple, puis au passé composé, aux 3es personnes du singulier et du pluriel, les verbes : *pouvoir ; rester ; exécuter.*

229 **En classe de neige**   dictée préparée p. 51

• présent de l'indicatif

• participe passé en *é* ou infinitif en *er*

En face de notre chalet, la chaîne de montagnes n'est plus la même. Il a neigé pendant la nuit. On ne distingue plus la roche, mais seulement une immensité blanche sous le ciel azuré. Les sapins, les épicéas tendent de longs bras engourdis par le froid. Pour les soulager un peu, nous faisons tomber des paquets de neige et ils semblent se redresser un peu plus chaque fois. Autour de nous, l'air limpide comme du cristal se brise sous les rayons du soleil retrouvé.

EXPLOITATION

Quels sont les noms des deux conifères cités dans la dictée ?
Peux-tu en citer d'autres ?

230 Quinze jours à la mer

Hier, nous sommes arrivés au centre où nous allons passer quinze jours en classe de mer. Nous avons été accueillis par les animateurs. Ils nous ont expliqué le déroulement du séjour, puis nous nous sommes installés. Nos chambres sont bien agréables et, dans la salle de restaurant, il y a un immense aquarium.
Aujourd'hui, nous avons pris notre premier cours de char à voile. Nous avons eu quelques frayeurs, mais nous avons bien ri.

• passé composé
• accord du participe passé

EXPLOITATION

Quelles activités sportives peut-on pratiquer en classe de mer ?

231 Visite à nos correspondants

Nous avons rendu visite à nos correspondants anglais et nous avons été formidablement reçus. Avec eux, nous avons visité Londres en autobus ; nous avons admiré la relève de la garde devant le palais de la reine, et, dans leur école, nous avons assisté à des cours de français. Mais ce qui restera pour nous la plus grande surprise et le plus grand plaisir, c'est le petit déjeuner anglais !

• passé composé
• accord du participe passé

EXPLOITATION

Si, pour rendre visite à nos correspondants, nous nous étions rendus dans les villes suivantes :
Porto – Dakar – Hambourg – Séville – Naples – Bruges – Manchester – Genève
quelle aurait été, dans chaque cas, la nationalité de nos correspondants ?

232 Nostalgie   dictée préparée p. 52

Il y avait plus de vingt ans que je n'avais pas revu le village où j'étais né. Hormis notre maison familiale, c'est l'école à classe unique qui éveillait ma curiosité… Extérieurement, elle n'avait pas changé et gardait son air austère. Mais… Surprise ! Notre vieille classe avait disparu ! À sa place, une salle agréable, aux murs bleus et roses, un tableau blanc, quelques plantes vertes, un mobilier moderne, un coin informatique et même une petite imprimerie. Tous ces changements bousculaient mes souvenirs.

• imparfait de l'indicatif
• plus-que-parfait

Au fil des jours

233 Le bricolage

- présent
de l'indicatif

- accord
du verbe :
sujet éloigné

Alex travaille à la maison ; il installe des étagères sur le mur de la cuisine. Depuis une heure, il étudie la meilleure disposition possible, choisit les plus belles planches, mesure, scie, rabote et cloue. Enfin, après une dernière retouche, il finit son travail et appelle sa femme. En entrant, elle applaudit : « Quel artiste ! » dit-elle en riant.

Alex rougit : « Je vois que tu apprécies mon travail. » Et il essuie soigneusement la poussière déposée sur le sol.

234 La vaccination

- présent
de l'indicatif

- accord
des adjectifs
qualificatifs

Léna observe l'infirmière. Celle-ci prépare la seringue. Ses gestes sont précis. Elle sourit à la petite fille, lui parle de ses poupées, et de son dessin. Léna ne répond pas. Peu à peu, elle devient une statue de marbre et, dans son visage livide, seuls ses yeux verts paraissent vivants. Ils foudroient la jeune femme. Mais la seringue approche. Léna lance un dernier regard farouche qui semble vouloir dire : « Tu es une sorcière ! »

Cinq secondes plus tard, Léna annonce en souriant :
« Je n'ai rien senti ! »

235 La sécurité routière

- présent
de l'indicatif

- préposition et
infinitif du verbe

- accord du
verbe : sujet *qui*

Le jour, la lumière émise par le soleil permet d'être visible, de voir, de se situer dans l'espace, de se diriger, d'éviter les obstacles, de se reconnaître. Mais la nuit, pas de soleil et donc pas de lumière : tout est noir.

La nuit, pour être visible des conducteurs, le piéton doit donc « réfléchir » la lumière qui est émise par les phares des voitures. Pour cela, il est important de porter des vêtements clairs et des bandes de tissu rétroréfléchissant sur ses vêtements, son sac ou son cartable, ses chaussures, car ce tissu a la propriété de renvoyer la lumière à sa source.

236 Le feu

- présent
de l'indicatif

Dans la cheminée, les bûches crépitent joyeusement. Tandis que Martin attise les braises, quelques flammèches s'élèvent au-dessus de l'âtre. Bientôt, nous restons immobiles, attentifs au spectacle du feu, alors qu'une douce chaleur nous enveloppe. Un coup de tisonnier de temps en temps pour raviver la combustion et nous nous rasseyons avec dans les yeux les lueurs d'un incendie.

237 **Que de vêtements !**

Ma sœur possède des monceaux de vêtements. Elle passe la moitié de ses loisirs à courir les boutiques, revient avec un paquet dans chaque main puis les entasse dans tous les placards de la maison, sous mon lit et jusque derrière les rideaux ! Les vêtements de ma sœur, je les déteste ! Mais j'ai trouvé une solution ; j'ai préparé quelques panneaux à fixer sur le portail : « Pour vos cadeaux : vêtements neufs à donner » …

- présent de l'indicatif
- accord du verbe : sujet éloigné
- pluriel des noms

238 **Le début de la journée**   dictée préparée p. 52

Pour Arthur, le plus difficile dans la vie, c'est de se lever le matin…
Mais ce vendredi, c'est encore plus pénible que d'habitude. Sa mère l'appelle ; elle le secoue. Enfin, au bout d'un quart d'heure, il parvient à sortir du lit. Quand il s'est douché, il est enfin réveillé. Direction le petit déjeuner : c'est le repas le plus important de la journée pour l'écolier. Arthur avale un jus d'orange, un bol de chocolat et des tartines beurrées. Quand il s'est restauré et a rangé la table, il est temps d'aller s'habiller.

- présent de l'indicatif
- c'est/s'est
- verbes en -eler et -eter

239 **Le dessin**

L'enfant prend son crayon ; sur la feuille posée devant lui, il laisse courir sa main. Il trace une ligne, puis une autre ; les deux traits tournent, se croisent, s'écartent, se chevauchent. Une vague surgit, se transforme ; c'est un ruisseau. Il grossit, disparaît, devient nuage. Quelques tirets figurent la pluie et éclaboussent le bas de la page. L'enfant pose son crayon ; peut-être fera-t-il beau demain ?

- présent de l'indicatif
- accord du verbe : sujet éloigné

240 **Quelle peur !**

Flore, Arnaud et Hugo rentrent d'une promenade dans le parc municipal par un étroit sentier qui serpente entre des buissons épais. Il commence à faire sombre et Flore a un peu peur. Ses compagnons lui parlent gentiment et la rassurent. Soudain, un bruit derrière eux ; ils se retournent tous les trois brusquement ; un petit chat passe tout près, les ignore et disparaît dans l'obscurité. Les trois enfants éclatent de rire.

- présent de l'indicatif
- accord du verbe : sujet éloigné

241 Une gourmande

• présent
de l'indicatif

• dans/d'en

• sans/s'en

Maman appelle Solène dans la cuisine. Elle se tient près du réfrigérateur ouvert et vient d'en sortir le plat à gâteau, vide. Sans un mot, elle fixe Solène droit dans les yeux.

Elle semble très en colère et la petite fille s'en aperçoit. Elle veut justifier son geste, et dans un murmure, essaie de s'en expliquer :

« Il était tellement…

– Non, coupe maman, dans ton intérêt, je crois qu'il est inutile d'en parler. »

242 Une aide précieuse

• présent
de l'indicatif

• ce/se

• verbes en -yer

Depuis quelques jours, maman se sent fatiguée et les enfants essaient de l'aider. Ce sont eux qui nettoient la maison : Martin essuie la vaisselle et balaie la cuisine, Léa range les chambres, étend le linge et sort le chien. Pendant ce temps, maman peut se reposer. « Tu sais, lui dit Léa, bientôt, tu seras de nouveau en pleine forme. Heureusement ! Pourtant, après ce que nous venons de faire, Martin et moi, je crois que je vais regretter mes responsabilités… »

243 Des fleurs atomiques

• imparfait
de l'indicatif

• passé composé

• c'était/c'étaient

Chez François, il y a un super balcon avec plein de trucs dessus : des jouets, des outils… Sur le bord, il y avait un pot avec des fleurs. J'ai demandé à François ce que c'était comme race, et François a répondu que c'étaient des uraniums.

J'ai dit à François que c'était hyperdangereux et François a dit que c'est pour ça que les jardiniers mettent des gants. À cause des radiations.

Zep, adapt. S. Angerrand, *Titeuf, Même pô mal…*, coll. « Bibliothèque Rose, © Hachette Jeunesse, 2000.

244 Le jardin de grand-père

dictée préparée p. 53

Par-dessus tout, j'aimais le jardin de grand-père. Les fleurs et les légumes se côtoyaient en <u>parfaite</u> harmonie. Des reines-marguerites longeaient des carrés de pommes de terre ou de choux-fleurs, des massifs de roses s'étalaient au pied des arbres fruitiers. Des quantités de rouges-gorges, de mésanges, et de chardonnerets s'y donnaient rendez-vous.

Grand-père passait toutes ses matinées dans les allées empierrées comme si chaque plante <u>l</u>'attendait impatiemment. Pour nous, ses petits-enfants, ce jardin était une <u>oasis</u> dans le désert de la cité.

- imparfait de l'indicatif
- pluriel des noms : difficultés
- noms terminés par -ée, -té et -tié

QUESTIONS

1) Explique : *se côtoyaient en parfaite harmonie ; une oasis dans le désert de la cité.*

2) Donne trois mots de la famille d'*empierrées.*

3) Donne la nature et la fonction des mots soulignés.

4) Conjugue à l'imparfait de l'indicatif les verbes : *longer ; attendre.*

245 Les vacances

De nos jours, les congés représentent le repos mérité après <u>une</u> période plus ou moins longue d'activité. C'est difficile pour nous d'imaginer qu'il y a un siècle, ceux qui travaillaient ne bénéficiaient, à part le dimanche, d'aucun jour de repos. En 1848, la <u>durée</u> légale du travail était de 84 heures par semaine ; elle est de 35 heures aujourd'hui. Les premiers congés payés <u>annuels</u> qui apparurent en 1936 duraient deux <u>semaines</u> ; ils n'ont pas cessé de s'allonger et sont maintenant de cinq semaines.

- présent et imparfait de l'indicatif
- accord du verbe : sujet *qui*

QUESTIONS

1) Explique : *le repos mérité ; la durée légale.*

2) Trouve un adjectif qualificatif pouvant remplacer *par semaine.*

3) Donne la nature et la fonction des mots soulignés.

4) Combien il y a de propositions dans la dernière phrase ?

5) Conjugue les verbes *imaginer* et *s'allonger* à l'imparfait.

246 Le roi Dagobert

• imparfait
de l'indicatif

Il était une fois un petit roi qui faisait tout de travers et s'appelait Dagobert.

Dagobert mettait ses culottes à l'envers, enfilait ses chaussettes par la tête et sa couronne par les pieds. […] Il mettait ses bottes pour jouer à l'intérieur et ses pantoufles pour aller patauger dans la boue ! […] Dagobert commençait toujours ses repas par le dessert. Et, parfois, les terminait par le potage. En un mot comme en cent, Dagobert était un enfant contrariant. Très contrariant.

ZIDROU, *Dagobert fait tout à l'envers*, coll. « Bibliothèque Rose »,
© Hachette Jeunesse, 2000.

EXPLOITATION

Rédige un petit texte dans lequel tu donneras d'autres exemples de ce que Dagobert pourrait faire à l'envers.

247 La paire de chaussures

• imparfait
de l'indicatif

• passé simple

Elles habitaient une belle boîte en carton où elles étaient roulées dans du papier de soie. Elles s'y trouvaient parfaitement heureuses, et elles espéraient bien que cela durerait toujours. Mais voilà qu'un jour une vendeuse les sortit de leur boîte afin de les essayer à une dame. La dame les mit, fit quelques pas avec, puis, voyant qu'elles lui allaient bien, elle dit :
– Je les achète.

P. GRIPARI, *Contes de la rue Broca*, © Éditions de la Table Ronde.

248 Une drôle de voiture

C'était un véhicule bizarre, avec des vitres fumées, des phares carrés, des sièges en bois, un toit ouvrant, de larges pneus et un coffre qui paraissait démesuré. Léo en était très fier ; il s'était privé de beaucoup de choses pour pouvoir se l'offrir. Aussi, c'était un plaisir pour lui de promener ses amis qui s'étaient pourtant un peu moqués de sa passion.

- imparfait de l'indicatif
- c'était/s'était
- accord des adjectifs qualificatifs

EXPLOITATION

Décris un objet particulier que tu aimerais posséder.

249 Une randonnée trop longue

« Dépêchons-nous, avançons plus vite ! crie Michaël. Si nous n'allongeons pas le pas, nous ne serons jamais rentrés avant la nuit. »
Tristan a beau faire, il ne peut suivre le rythme de Michaël, son aîné de trois ans. Il commence à penser que cette randonnée est bien trop longue pour une journée.
« Attends-moi, Michaël, je n'en peux plus. Rebroussons chemin.
– Jamais ! Fais ce que tu veux. Moi, je continue. »

- impératif
- verbes en -cer, -ger et -guer

EXPLOITATION

Imagine une fin à cette aventure.

250 Sur la piste

Depuis trois jours, nous poursuivions notre chemin sur une piste durcie. Mes chiens tiraient joyeusement le traîneau, pourtant très lourd. Mais le lendemain et les jours suivants, ils durent faire leur propre trace. Mes encouragements devenaient de plus en plus nécessaires ; les chiens tenaient bon, mais la vitesse diminuait. Le vent s'était à nouveau levé, la température baissait, mes sourcils et mes cils gelaient. Mais je savais que je pouvais compter sur mes valeureux compagnons.

- imparfait de l'indicatif
- mais/mes

EXPLOITATION

Imagine une suite à cette histoire.

La ville

251 Les villes

• présent
de l'indicatif
• on/ont
• noms terminés
par -ée, -té et -tié

Aujourd'hui, plus de la moitié de l'humanité vit dans des villes. Ces cités ont des origines différentes. La proximité d'un cours d'eau ou d'un port naturel, la proximité d'une ressource naturelle ou le développement d'une université en sont quelques exemples.

On appelle « mégapoles » les villes qui ont plus de dix millions d'habitants. On en compte plus de vingt-cinq dans le monde.

252 Les marchés parisiens

• présent
de l'indicatif
• pluriel
des noms
• accord
des adjectifs
qualificatifs

Sur les marchés, les commerçants vantent les légumes de saison terreux et les fruits exotiques parfumés, les fromages de toutes les régions et les pains traditionnels. Les clients jouent du coude à coude entre les étals des viandes, des charcuteries artisanales et des poissons ou encore ceux des fleuristes et leurs bouquets multicolores. Les marchés sont des lieux de vie au cœur des villes et les marchés alimentaires se comptent par dizaines à Paris. On trouve aussi de nombreux marchés spécialisés où l'on vend des antiquités, des timbres, des fleurs ou des vêtements.

253 Les grands magasins

• présent
et imparfait
de l'indicatif
• passé composé
• si/s'y – ni/n'y

Les premiers grands magasins datent du XIXe siècle. On y vendait seulement des vêtements. Si on pouvait y trouver tous les derniers modèles à la mode, il n'y avait pas de rayons d'alimentation ni d'accessoires de la vie courante. Puis, peu à peu, on a regroupé différents magasins ; il est alors devenu possible d'acheter des marchandises très différentes dans un même endroit. Les clients y découvrent toujours de nouveaux produits et s'y attardent donc davantage.

EXPLOITATION

Devant quel rayon d'un grand magasin t'arrêtes-tu le plus facilement ? Pourquoi ?

254 Mon cinéma muet   dictée préparée p. 54

Les soirs d'hiver, quand je sors du bureau, je descends les
rues qui me ramènent vers la gare. Dans la nuit qui s'installe,
chaque bâtiment paraît plus petit, plus fragile.
À travers les vitres éclairées, c'est tout un monde qui vit : ici
on s'assoit pour lire, là on balaie, plus loin on prépare le dîner,
on bavarde, on écrit, on regarde la télévision, on va, on vient.
Ces petites taches de lumière sont comme des étoiles dans la
ville qui s'endort.

- présent
de l'indicatif
- accord du
verbe : sujet *qui*

255 À la découverte de Paris

Pierre s'engage sur les boulevards. Sur la chaussée, le long des
trottoirs, entre les colonnes et les kiosques, quel encombrement,
quelle cohue extraordinaire ! Les voitures roulent avec un
grondement de fleuve, tandis que le flot des piétons ruisselle
sans cesse, à l'infini… Au moment où Pierre arrive à la place
de l'Opéra, il lève les yeux. Le cœur de la grande ville semble
battre là, dans la vaste étendue de ce carrefour.

É. ZOLA, *Le Ventre de Paris.*

- présent
de l'indicatif
- quel/quelle
- pluriel
des noms

256 La banlieue

On appelle « banlieue » les espaces construits qui prolongent
une grande ville. C'est là qu'habitent le plus souvent les gens
qui travaillent à la ville, car les loyers y sont moins élevés. Ces
personnes doivent donc prendre leur voiture ou les transports en
commun pour gagner leur lieu de travail ou de détente, car c'est
en ville que se concentrent les équipements culturels et de loisirs.
Les banlieues offrent une grande diversité de populations
ou de paysages qui vont des grands ensembles aux zones
pavillonnaires.

- présent
de l'indicatif
- accord
du verbe :
sujet inversé
et sujet *qui*
- pluriel
des noms

257 La vie citadine

Au début du siècle dernier, on vivait surtout à la campagne.
On avait autour de soi des paysages champêtres, on pouvait
se promener à travers la campagne, on vivait au calme. Puis,
pour travailler, de plus en plus de Français sont partis en
ville et ont découvert les embouteillages, les supermarchés,
les tours de quinze étages.
Aujourd'hui, on cherche de nouveau à résider loin du bruit et
de l'agitation et beaucoup de gens ont envie de retrouver un
environnement plus proche de la nature.

- présent
et imparfait
de l'indicatif
- passé composé
- on/ont

258 Le rêve de Jonathan

Jonathan s'était assis sur un banc. Les coudes sur les genoux, le menton sur les mains, les yeux dans le vide, il n'entendait plus le vacarme de la rue. Il s'échappait, il rêvait. « Et puis, se disait-il, je sèmerais du gazon sur le bitume, je planterais des arbres sur les trottoirs, je repeindrais en rose les façades des immeubles, je transformerais les voitures en citrouilles… Ainsi, et seulement ainsi, nous pourrions supporter la ville. »

EXPLOITATION

Et toi, la ville, tu l'aimes ou tu ne l'aimes pas ? Explique tes raisons en quelques lignes.

259 Une rue vivante

Située dans le quartier des affaires, l'ancienne rue des Drapiers portait encore bien son nom et offrait à tous les étages, dans les sous-sols et même sur les trottoirs, un immense choix de tissus. La rue était un immense marché bourdonnant et accueillant. Les clientes s'arrêtaient, se bousculaient devant les étalages, regardant et palpant les étoffes, s'inquiétant des prix, admirant les soies brillantes. Les vendeurs s'affairaient, mesurant et coupant, accordant parfois des tarifs intéressants. C'était un monde de cris, de couleurs, de mouvements.

EXPLOITATION

Tu t'arrêtes devant une boutique d'une rue commerçante. Décris l'animation qui règne à l'intérieur.

260 Le parc

• présent
de l'indicatif

• préposition et
infinitif du verbe

• accord du
verbe : sujet *qui*

Les parcs municipaux sont des lieux aménagés pour la détente qui permettent aux citadins de profiter de vastes pelouses et de l'ombre de jolis arbres. On y trouve des aires de jeux, des sentiers pour la promenade ou la course, des bancs pour se reposer, des installations pour pique-niquer et même des terrains de sport.
Il ne faut pas confondre ces espaces créés par l'homme avec les parcs naturels nationaux ou régionaux dont le but est de conserver la nature dans son état naturel.

L'eau – La forêt – La campagne

261 À la campagne

Les agriculteurs vivent le plus souvent dans des villages, ou dans des fermes isolées au milieu de terres cultivées. De nos jours, les tracteurs et toutes les machines agricoles rendent le travail moins pénible et plus rapide. Dans les grandes étendues sans arbres, les agriculteurs font surtout pousser des céréales ; dans les zones de bocage, les prairies sont propices à l'élevage.

• présent
de l'indicatif

262 Le pouvoir de l'eau

La force de l'eau courante peut rendre les rivières très puissantes au point qu'elles transforment les paysages. Ainsi, aux États-Unis, les eaux du fleuve Colorado ont creusé la plus grande gorge du monde : c'est le Grand Canyon qui mesure 1,6 km de profondeur sur 350 km de long. En traversant les montagnes et les plaines, les torrents, les rivières et les fleuves transportent de grandes quantités de roches, de sable et de boue. Ils les déposent ensuite, sur leurs rives ou dans la mer. En s'accumulant, ces dépôts constituent de nouvelles terres.

• présent
de l'indicatif
• pluriel
des noms

263 Un cours d'eau

La rivière aux eaux cristallines serpente à travers la campagne. Elle se promène entre les peupliers et les roseaux, entre les champs de blé et les prés fleuris. Sous les reflets du soleil, elle resplendit aux yeux des promeneurs qui s'attardent sur ses berges. Quelques affluents, de petits ruisseaux, la rejoindront avant qu'elle ne parte à la rencontre du grand fleuve.

• présent
de l'indicatif

264 Souvenir d'enfance

J'aime revoir la rivière de mon enfance. Enjambée par de vieux ponts du Moyen Âge, elle traverse tranquillement la plaine qui s'étend à perte de vue. Quand le soleil se lève dans un coin de ciel bleuté, on peut voir les herbes folles qui la bordent se mirer dans ses eaux, les libellules folâtrer, les truites apparaître furtivement. Et le soir, quand la brise rafraîchit la campagne, les majestueux peupliers la saluent dans un léger bruissement de feuilles.

• présent
de l'indicatif
• accord du
verbe : sujet *qui*

265 Le voyage de l'eau

• présent
de l'indicatif

• participe passé
en *é* ou infinitif
en *er*

L'eau qui tombe sur notre Terre peut s'évaporer tout de suite, s'infiltrer dans le sol, gonfler les rivières et les fleuves qui vont se jeter dans les mers et les océans, ou être captée par l'homme pour ses besoins. L'eau est alors utilisée dans les usines, les bureaux et les logements. Mais elle retourne dans les fleuves par les égouts qui récoltent les eaux usées. Ainsi, l'eau poursuit son voyage sans fin.

266 Tableau de ferme

• présent
de l'indicatif

• et/est

Tout est <u>calme</u> dans la cour. Le soleil est à son zénith et s'amuse à travers le feuillage du rosier grimpant qui orne <u>la</u> balustrade de la ferme. À l'ombre, un <u>vieux</u> chat, l'œil mi-clos, est allongé et guette on ne sait quoi. La basse-cour, d'où il y a une heure encore sortait un concert diabolique, est maintenant plongée dans un silence presque <u>inquiétant</u>.

QUESTIONS

1) Explique : *Le soleil est à son zénith ; et s'amuse à travers le feuillage du rosier grimpant ; l'œil mi-clos.*

2) Donne la nature et la fonction des mots soulignés.

3) Trouve, dans le texte, une proposition indépendante.

4) Combien y a-t-il de propositions dans la 2e phrase ? Donne leur nature.

5) Conjugue au présent de l'indicatif, aux 1res personnes du singulier et du pluriel, les verbes : *appeler ; plonger ; sortir.*

267 L'eau en péril

• futur simple

• accord
des adjectifs
qualificatifs

Si la température sur la Terre augmente de quatre degrés, près de la moitié des habitants de la planète devront surveiller leur consommation d'eau. Il y en aura moins à cause de la sécheresse et de la contamination des sources d'eau douce par l'eau salée. Les pays autour de la Méditerranée, en Afrique et en Amérique du Sud seront les plus touchés. Les milieux marins et les animaux qui y vivent risquent de souffrir. Au total, 30 % des espèces animales et végétales disparaîtront peut-être car elles ne parviendront pas à s'adapter au nouveau climat.

D'après *Mon Quotidien*, 11 septembre 2009.

268 Les arbres

Quand le soir est venu, le petit garçon retourne dans la forêt. Il n'a pas peur du tout, parce que les arbres sont ses amis. Le ciel est bleu-noir et la pleine lune luit très fort quand il arrive dans la clairière, il entend le bruit de la musique. Ce sont les arbres qui sifflent tous ensemble le même refrain. Il n'y a que les arbres très jeunes. Les vieux chênes et l'érable vénérable sont restés à la lisière, pour surveiller. Quelquefois, il y a les braconniers qui entrent dans la forêt, et l'érable doit crier comme une chouette pour avertir les autres.

• présent de l'indicatif

• et/est

J.-M. G. Le Clézio, *Voyage au pays des arbres*, © Éditions Gallimard.

269 La campagne endormie   dictée préparée p. 55

Peu à peu, le silence s'étend sur les fermes isolées et les hameaux perdus au creux des vallons. Bientôt, on n'entend plus que les bruits de la nuit : un souffle de vent à la cime des peupliers, des chevaux qui remuent dans l'écurie, un chien qui s'agite au passage des animaux de l'ombre, hiboux ou chauves-souris. Au-dessus des champs et des prairies qui se drapent dans la brume du soir, quelques étoiles timides se perdent sur le grand manteau sombre.

• présent de l'indicatif

• accord du verbe : sujet *qui*

• accord du participe passé

270 Inquiétude pour la forêt

Les forêts rendent de grands services aux hommes. Grâce à leurs racines, elles luttent contre les avalanches et les glissements de terrain, elles stabilisent les dunes de sable et protègent les zones des bords de mer. Elles contribuent également aux échanges de carbone entre la végétation, le sol et l'atmosphère. Cependant, chaque année, la déforestation fait disparaître environ treize millions d'hectares de forêts dans le monde.

• présent de l'indicatif

• pluriel des noms

EXPLOITATION

Une fois l'arbre abattu, peux-tu indiquer à quoi il pourra être utilisé ?

271 La montée de sève

• présent
de l'indicatif

• noms terminés
par -ée, -té et -tié

Dès que la terre se réchauffe, la machinerie végétale redémarre. La plante se gorge d'eau, <u>les racines</u> absorbent à nouveau <u>les minéraux</u> du sol : la sève monte. Les bourgeons reçoivent alors quantité d'éléments nutritifs, surtout des sucres accumulés par l'arbre l'année précédente. Avec cette matière première, les bourgeons arrivent à maturité et donnent naissance aux feuilles, aux branches nouvelles et aux fleurs. Beau travail !

QUESTIONS

1) Explique ce qu'est une *matière première*.
2) Relève les verbes conjugués, puis conjugue-les à la 1re personne du singulier du présent de l'indicatif.
3) Relève les adjectifs qualificatifs, puis écris-les :
– avec un nom masculin singulier ;
– avec un nom masculin pluriel ;
– avec un nom féminin singulier ;
– avec un nom féminin pluriel.
4) À quelle règle d'orthographe dois-tu penser pour écrire le verbe *accumuler* ?
5) Donne la fonction des groupes de mots soulignés.

272 La préhistoire de la forêt

• imparfait
de l'indicatif

• préposition et
infinitif du verbe

Il y a quinze mille ans, la France était encore quasiment « chauve » de tout arbre. Au nord du pays, c'était une steppe de type sibérien, au sol congelé. Au sud, des îlots de bouleaux, de pins et quelques autres résineux parvenaient à résister au froid. Et puis, dans un petit nombre de vallées abritées, quelques feuillus parvenaient à vivoter, attendant des jours meilleurs pour repartir à la conquête du territoire.

273 La vieille maison

• passé composé
• a/à

Dans le Lot, à côté de Cahors, mon oncle a acheté une ancienne maison à restaurer. À l'intérieur, de l'électricité à la plomberie, il y a beaucoup de rénovations à entreprendre. Mais, malgré l'usure du temps, la vieille demeure a gardé un charme certain. Isolée sur le causse, elle semble avoir une vie bien à elle, toute de douceur et de silence.

274 La mort d'un souverain

dictée préparée p. 55

Avant la terrible nuit, là où il se trouvait, il dominait les environs. Sur la colline, il était le roi. Majestueux, la cime pointant très haut, il semblait avoir toujours été là, témoin muet de la vie campagnarde. Mais une nuit l'orage a grondé et la foudre l'a frappé. Elle l'a transpercé et, par la plaie béante, la vie semble maintenant s'échapper peu à peu.

- imparfait de l'indicatif
- la/l'a/là
- accord du participe passé

275 Un curieux terrain

Nous habitions une petite maison à la campagne. Dans le champ d'en face, il n'y avait que friches et buissons. Si les enfants s'y aventuraient, ils n'y trouvaient ni arbre, ni arbuste, ni trou d'eau, ni cachette secrète. Il n'y avait rien : ce champ était une sorte de désert triste où les rêves semblaient s'épuiser. En effet, si un jeu y conduisait une bande de gamins, bien vite tous avaient hâte d'en ressortir.

- imparfait de l'indicatif
- dans/d'en
- si/s'y – ni/n'y

276 Un village

Le village, si calme d'habitude, s'anime pour un matin et la campagne des environs se trouve rassemblée là, sur la place de l'église, pour une sorte de fête où l'on achète et où l'on flâne aussi, pour le plaisir. Il y a les marchands de légumes face à l'église, le poissonnier devant la mairie, le grainetier près de la pharmacie… Et puis, il y a Mémé Boule. C'est une petite vieille aux cheveux blancs, avec une « bouille » ronde et des joues comme des fruits, rouges et luisantes. Des joues comme des pommes.

- présent de l'indicatif
- accord des adjectifs qualificatifs

La mer

277 Les richesses de la mer

• présent
de l'indicatif

• pluriel
des noms

Les hommes exploitent depuis longtemps les richesses de la mer. Ils pêchent les poissons, ramassent des coquillages et des algues. Du fond de la mer, ils extraient du pétrole. Ils utilisent la force des marées pour produire de l'électricité et ils récupèrent du sable et des graviers pour construire des maisons.

278 Séjour à la pointe de Bretagne

• présent
de l'indicatif

Lorsque le nom de Bretagne est prononcé, le regard et la mémoire se portent tout de suite vers son extrémité. Ce vieux pays où alternent les <u>plages</u>, les <u>grèves</u> et les <u>côtes de granit</u> est un <u>pays d'aujourd'hui</u>. Le Finistère vit au grand vent de ses hommes, paysans et marins, gens à la pointe du progrès technique comme ils sont à la pointe du continent. Ces Bretons savent accueillir le visiteur. Ils lui feront découvrir la mer <u>admirable</u> ou un pays plus confidentiel, fait de quiétude et de silence.

QUESTIONS

1) Explique : *une grève* (deux sens) ; *confidentiel* ; *la quiétude*.
2) Combien y a-t-il de propositions dans la 2ᵉ phrase ? Donne leur nature.
3) Donne la nature et la fonction des mots ou groupes de mots soulignés.
4) Conjugue au présent de l'indicatif : *vivre ; savoir*.

279 Les bains de mer

• imparfait
de l'indicatif

• accord
du verbe :
sujet éloigné

À partir de 1870, Le Tréport, avec le développement des trains, semble « la plus jolie plage d'Europe ». Les baigneurs de La Belle Époque pouvaient profiter de tentes numérotées et portatives, de cabines sur roues tirées par des chevaux, ou de bassines d'eau chaude pour réchauffer les pieds à la sortie du bain. Mais attention ! On ne se baignait pas n'importe où sur la plage : la condition sociale, la situation familiale – célibataire, marié – fixaient le lieu qui était réservé à chaque type de baigneurs.

280 Les plages de Guadeloupe

La Guadeloupe compte une cinquantaine de plages qui sont parmi les plus belles des Antilles, avec des centaines de couleurs de sable différentes. En plus de la baignade et des jeux de plage, on peut profiter, sur pratiquement toutes les plages, d'une activité magique : l'exploration des récifs coralliens. Cela se pratique avec un simple masque et un tuba, dans des eaux souvent peu profondes, mais limpides et chaudes. Mais attention, la récolte de coraux vivants est interdite !

- présent de l'indicatif
- accord des adjectifs qualificatifs

281 La tempête

Depuis une heure, le ciel se charge d'électricité et les nuages s'amoncellent. Devant la menace d'un coup de vent imminent, nous remontons le filet et annonçons à la capitainerie notre retour vers le port. Avec notre petit chalutier nous traçons notre sillon dans les vagues. Soudain, un éclair déchire le ciel. La mer se déchaîne, les grondements du tonnerre emplissent l'espace. Minuscule sur l'immensité, le bateau gîte et nous plongeons dans les vagues. Nous naviguons sans rien voir mais, d'un seul coup, à travers le rideau de pluie, la lumière du phare : le port est en vue !

- présent de l'indicatif
- verbes en *-cer*, *-ger* et *-guer*

282 Le sable de la mer

Partout, la pluie et le mauvais temps usent les rochers et les cailloux. De minuscules morceaux de pierre sont ainsi arrachés, puis transportés par les rivières jusqu'à la mer. Là, la mer les use encore et les rejette sur les plages : ce sont les grains de sable. Ce sable est souvent blond, mais il peut être rose, gris ou même noir.

- présent de l'indicatif
- accord du verbe : sujet éloigné

283 Un passage dangereux

En 1978, un pétrolier géant qui transportait 250 000 tonnes de pétrole a fait naufrage au large de Portsall, dans le Finistère. Il a ainsi provoqué une des plus grandes marées noires du XXe siècle et a été à l'origine d'une catastrophe écologique épouvantable. Pourtant, les marins ont toujours connu ces parages parsemés de dangereux récifs et parcourus de violents courants. C'est une centaine de navires de commerce, de guerre ou de pêche qui ont sombré ici au cours des deux derniers siècles.

- passé composé

284 Un petit port normand

dictée préparée p. 56

- imparfait de l'indicatif
- accord des adjectifs qualificatifs

Ils entrèrent dans le petit village. Les rues vides, silencieuses, gardaient une odeur de mer, de varech et de poisson. Les vastes filets tannés séchaient toujours, accrochés devant les portes ou bien étendus sur les galets. La mer grise et froide avec son éternelle et grondante écume commençait à descendre, découvrant vers Fécamp les rochers verdâtres au pied des falaises. Et le long de la plage, les grosses barques échouées sur le flanc semblaient de vastes poissons morts.

G. DE MAUPASSANT, *Une vie.*

285 La vie sur l'île

dictée préparée p. 57

- imparfait de l'indicatif
- leur/leurs
- é/er

Les hommes de l'île partaient la nuit pêcher en mer, sur leurs barques de bois dur ; ils rentraient au petit matin, et, après avoir nettoyé leurs filets, ils les faisaient sécher. Il leur fallait alors les réparer. Outre les produits de la mer, leur nourriture était également composée d'une grande variété de fruits que les femmes cueillaient. Leur vie se déroulait ainsi, en parfait accord avec la nature qui leur offrait ce qui leur manquait. Ils la respectaient.

286 La pêche en bord de mer

- présent de l'indicatif
- noms terminés par -ée, -té et -tée

Les marées d'équinoxe sont de grandes marées. Cela signifie que la mer monte très haut sur la grève et, en redescendant, découvre l'estran, cette partie de sol marin qui reste cachée sous l'eau la plupart du temps. Alors les gens du littoral s'équipent de pics, de crochets, de grattoirs. Ceux-ci partent à la pêche aux praires, ceux-là creusent le sable pour y trouver des coques, ceux-là fouillent les petits rochers pour y dénicher des étrilles. Mais tous connaissent la nécessité de ne pas attendre la montée de l'eau.

EXPLOITATION

Relève, dans la dictée, les noms de deux coquillages et d'un crustacé. Trouve d'autres exemples pour chacune de ces familles.

287 Le requin-pèlerin

Parfois, durant l'été, les pêcheurs bretons peuvent apercevoir un requin-pèlerin ; il nage lentement en surface, son aileron bien visible et la gueule béante à la recherche du plancton dont il est très friand. Ce géant peut atteindre douze mètres de long et peser jusqu'à cinq tonnes. Il est donc un des plus grands poissons du monde. Mais il figure aujourd'hui comme beaucoup d'autres sur la liste des espèces menacées. Des campagnes d'observation sont effectuées en mer d'Iroise.

- présent de l'indicatif
- dont/donc

288 Sur la côte

Les enfants étaient arrivés à l'extrémité de l'île, sur un cap isolé. De là, ils découvraient le phare, entouré d'écueils et, plus loin, le littoral. Depuis le début de leur promenade, une mouette les accompagnait. Elle semblait les surveiller. Ils s'assirent, car la brise les grisait. Ils demeurèrent immobiles, éblouis par la beauté du lieu : malgré une légère brume, le soleil diffusait sur l'archipel une douce lumière et lui donnait un aspect presque irréel.

- imparfait de l'indicatif
- passé simple
- accord du verbe : sujet éloigné

289 Tempête en bord de mer   dictée préparée p. 58

Le vent soulevait des vagues immenses qui se formaient en <u>haute</u> mer et venaient se briser sur les <u>rochers</u> où <u>je</u> me tenais. La violence était telle que je recevais des jets d'écume. Cela faisait un fracas épouvantable. Je pensais voir surgir à tout instant de cette poussière d'eau salée le diable en personne, qui m'emmènerait alors dans l'abîme.

- imparfait de l'indicatif

QUESTIONS

1) Explique : *un fracas épouvantable* ; *poussière d'eau salée*.

2) Donne deux mots de la famille d'*écume*, puis utilise-les dans une phrase.

3) Donne la nature et la fonction des mots soulignés.

4) Trouve, dans la dictée, une proposition indépendante.

5) Conjugue à l'imparfait et au présent de l'indicatif, aux 3es personnes du singulier et du pluriel, les verbes : *balancer ; venir ; surgir*.

La montagne

290 À la montagne

La montagne, pour beaucoup de gens, représente le plaisir et le repos. Elle est une destination de vacances. Pourtant, les personnes qui y vivent et y travaillent toute l'année trouvent la vie plutôt difficile. Le climat est rude. La neige recouvre tout pendant de longs mois. Petit à petit, les jeunes quittent la montagne pour la plaine et la ville. Les villages se vident et tombent en ruine.

291 L'Himalaya

Beaucoup plus qu'elle ne sépare l'Inde du Tibet, <u>cette</u> barrière se dresse entre des climats, des civilisations, des religions et des siècles. C'est la région du <u>monde</u> la plus sauvage. L'homme peut vivre dans les marais et les déserts et même dans les solitudes <u>polaires</u>, mais <u>aucun</u> organisme ne peut subsister <u>longtemps</u> dans cette forteresse glacée, « toit du monde », territoire interdit par <u>ses</u> neiges éternelles. Le nom d'Himalaya signifie d'ailleurs « séjour des neiges ».

QUESTIONS

1) Explique : *cette forteresse glacée.*
2) Donne la nature et la fonction des mots soulignés.
3) Conjugue au présent de l'indicatif : *pouvoir ; signifier.*

292 Un refuge de montagne

Le refuge de Lachat est un petit chalet de bois de quatre mètres sur cinq, posé entre les sapins et les épicéas, légèrement en contrebas de la crête de la montagne. Le confort y est rudimentaire : deux tables, quatre bancs, un gros poêle en fonte, un tas de bois, une échelle et, à l'étage, au plafond trop bas pour se tenir debout, quelques matelas et couvertures.

L'hiver, les randonneurs à raquettes ou à skis, affamés ou frigorifiés, y font une pause pour se restaurer à l'abri, ou pour passer la nuit, si le temps ne leur permet pas de redescendre dans la vallée.

293 Victoire à 8 000 mètres   dictée préparée p. 58

C'est l'arête terminale. L'alpiniste se sent soudain plus grand, plus <u>fort</u>. Ses jambes le poussent en avant. Malgré l'air raréfié et <u>le</u> froid perçant, malgré l'extrême fatigue, il sait qu'il va réussir. Et bientôt, il atteint le sommet. Ses yeux s'ouvrent sur ce spectacle inoubliable, sur ces glaciers immenses, sur <u>ces</u> pics majestueux et enneigés. Il songe à ses <u>amis</u> restés au camp de base. Doucement, il murmure : « Cette victoire, c'est à <u>vous</u> que je l'offre. »

- présent de l'indicatif
- c'est/s'est
- ces/ses

QUESTIONS

1) Explique : *C'est l'arête terminale ; l'air raréfié.*
2) Trouve un homonyme du mot *arête* et utilise-le dans une phrase.
3) Donne la nature et la fonction des mots soulignés.
4) *L'alpiniste se sent soudain plus grand, plus fort. Il sait qu'il va réussir.* Mets ces deux phrases au pluriel.

294 Le guide

À la descente, je crevai un pont de neige et je tombai dans la crevasse. Pendu au bout de la corde, je fis connaissance avec la vie intérieure du glacier, tandis que passait un courant d'air gelé. Tout de suite, il fit très froid : j'avais de la neige dans le cou et elle fondait le long de mon dos. Au-dessus de moi, un trou, celui que j'avais fait en crevant le pont de neige, me permettait d'entrevoir un rond de ciel. J'étais dans une tirelire de glace. La corde sciait la neige, s'enfonçant sous les bords de la crevasse.

- passé simple
- imparfait de l'indicatif

G. REBUFFAT, *Un guide raconte*, Denoël.

295 Le retour au village   dictée préparée p. 59

Avec les premières brumes automnales, les troupeaux descendaient des alpages. Bien avant l'arrivée des premiers animaux, nous tendions l'oreille pour capter les mille petits signaux du retour : le roulement des cailloux dans les creux du chemin, le chant des clarines, l'aboiement des chiens et les cris des hommes. Pour eux, octobre était le mois des adieux à la montagne, mais c'était aussi, avec la fin des durs travaux de l'été, le temps du repos retrouvé.

- imparfait de l'indicatif
- pluriel des noms : difficultés

296 La conquête de l'Annapurna

Nous allons l'un derrière l'autre, nous arrêtant à chaque pas. Couchés sur nos piolets, nous essayons de rétablir notre respiration et de calmer les coups de notre cœur qui bat à tout rompre… Un petit détour sur la gauche, encore quelques pas… L'arête sommitale se rapproche insensiblement. Quelques blocs rocheux à éviter. Nous nous hissons comme nous pouvons. Est-ce possible ? Mais oui ! Un vent brutal nous gifle. Nous sommes sur l'Annapurna : 8 075 m. Notre cœur déborde d'une joie immense.

M. HERZOG, *Annapurna, premier 8 000*, Arthaud – Flammarion.

EXPLOITATION

Cherche dans quel massif montagneux se situe l'Annapurna.

297 Le vieux chalet

C'est un chalet délabré qui apparaît au détour d'une colline, au pied d'un versant rocailleux. La toiture s'est affaissée et semble sur le point de s'effondrer. Les pierres sont disjointes, usées par le temps et par le froid des hivers rigoureux. Pourtant, en pleine tempête, le randonneur en difficulté doit apprécier l'abri précaire de ce refuge qui l'accueille tout simplement.

298 Une sage décision

Le guide se tourna vers la cordée : « Si la neige avait été meilleure, nous aurions pu continuer. J'aurais installé une corde fixe et nous serions passés. Mais avec cette neige instable, poursuivre serait <u>dangereux</u>. C'est dommage, car du sommet, vous auriez découvert un fabuleux panorama. J'aurais été heureux de <u>vous</u> l'offrir. »

Les trois hommes se regardèrent. Sur <u>leurs</u> visages fatigués se lisait la <u>déception</u>. Pourtant, ils connaissaient assez la montagne pour mesurer la réalité du <u>danger</u>, pour comprendre la sagesse du guide.

QUESTIONS

1) Explique : *un fabuleux panorama.*

2) Donne la nature et la fonction des mots soulignés.

3) Conjugue au présent du conditionnel : *installer ; partir.*

4) Combien y a-t-il de propositions dans la 2ᵉ phrase ? Donne leur nature.

299 Randonnée en montagne

Romain marchait sur le sentier depuis deux heures, et sur ses épaules, son sac à dos balançait doucement au rythme de ses pas. Il progressait régulièrement, sous le couvert des sapins, et quelquefois, par une trouée, il distinguait les minuscules maisons du village. Bientôt, il arriva aux alpages et, dans un ultime effort, il atteignit le col.

Là, devant lui, s'étalaient les mille nuances de la forêt automnale. Il resta un long moment à contempler ces couleurs frémissantes, puis, brutalement saisi par le froid de l'altitude, il se dirigea de nouveau vers les arbres.

- passé simple
- imparfait de l'indicatif
- ces/ses
- verbes en *-cer*, *-ger* et *-guer*

300 Le réveil au refuge **dictée préparée p. 60**

Le jour pointait à peine. On avait allumé quelques lampes. Elles étaient suspendues dans la <u>grande</u> <u>salle</u> commune. Là, les alpinistes, qui avaient déjà revêtu leur équipement, inspectaient une dernière fois leur <u>matériel</u>. Autour de grands bols fumants, les discussions allaient bon train. On parlait de la belle <u>journée</u> d'<u>hier</u>, du vent qui s'était levé, des premières difficultés attendues. Et puis, d'un seul coup, il y eut comme un signal et chacun se leva : l'aventure commençait.

- imparfait de l'indicatif
- plus-que-parfait
- on/on n'
- accord du verbe : sujet *qui*

QUESTIONS

1) Explique : *Le jour pointait à peine ; les discussions allaient bon train.*

2) Donne la nature et la fonction des mots soulignés.

3) Trouve, dans cette dictée, une proposition indépendante.

4) *Autour de grands bols fumants, les discussions allaient bon train.* Conjugue cette phrase au passé composé et au futur simple.

301 Le glacier

Le glacier est une sorte de rivière de glace qui prend naissance là où il fait assez froid pour que la neige ne fonde jamais. Peu à peu, la couche s'épaissit et la neige, écrasée par son propre poids, se transforme en glace. Elle glisse alors très lentement, quelques millimètres par jour, dans la pente car le glacier est très lourd. Il pousse les roches devant lui et use les parois des montagnes. Ainsi, il transforme le paysage en creusant des vallées en forme de U.

- présent de l'indicatif
- la/là
- et/est

Les saisons

302 Les jardins

• présent
de l'indicatif

• on/on n'/ont

• préposition et
infinitif du verbe

On ignore souvent que c'est grâce à l'hiver que nos jardins sont si beaux du printemps jusqu'à l'automne. En effet, sans les pluies glacées, le sol gelé, la neige, on n'obtiendrait pas les mêmes décors floraux, les mêmes couleurs. Beaucoup de plantes, de graines, d'arbres ont besoin du froid, mais aussi du soleil de l'hiver pour germer, éclore et pousser au bon moment.

303 L'hiver

• présent
de l'indicatif

Le Gévaudan est un pays de rudesse avec, comme les gens le disent, « neuf mois d'hiver et trois mois d'enfer ».
En octobre, le froid revient, mordant, cruel. C'est comme si l'automne n'existait pas. Après l'été, il y a le petit, puis le gros et grand hiver. Alors, le vent s'en donne à cœur joie, coupe la respiration des plus robustes qui halètent, mord les vieillards jusqu'au fond des maisons. Tapi dans les murs épais, le vent sort comme le loup du bois lorsque le feu décline.

J. Féron Romano, *La Bête du Gévaudan*, © Le Livre de poche Jeunesse, 2008.

304 L'arbre de Noël

dictée préparée p. 61

• présent
de l'indicatif

• accord
des adjectifs
qualificatifs

• noms terminés
par *-ée, -té* et *-tié*

Papa a apporté un grand sapin vert. Il nous explique qu'il s'agit en réalité d'un épicéa. Maman y accroche des guirlandes argentées, des boules rouges, des étoiles et une guirlande avec des ampoules rouges, bleues, jaunes, vertes ou blanches qui s'allument, s'éteignent, puis se rallument. Nous sautons de joie en voyant l'arbre ainsi paré. Des fils dorés descendent du faîte jusqu'au sol. Quelle beauté ! Nous passerons nos soirées à ses côtés.

305 Soirée d'hiver

• présent
de l'indicatif

• préposition et
infinitif du verbe

Depuis plusieurs jours, la neige menace de tomber. Dans la rue, les passants se pressent de rentrer chez eux. Le vent, qui ne cesse de souffler, fait s'envoler les dernières feuilles mortes. Les lumières des magasins vont bientôt s'éteindre ; quelques voitures circulent encore ; puis, plus rien… La météo annonce une vague de froid ; il ne faut pas s'attarder.

306 Les climats

Les conditions météorologiques occupent une place importante dans la vie quotidienne des hommes. Journées ensoleillées, gelées nocturnes, orages d'été alimentent les conversations et conditionnent certaines activités humaines. Parfois, le temps peut avoir d'immenses conséquences, bénéfiques ou néfastes : il suffit de penser aux dommages occasionnés par les tornades et les ouragans. Dans certaines régions, l'absence de certains phénomènes météorologiques peut avoir des effets désastreux. Par exemple, lorsque les pluies de mousson indiennes ne se produisent pas au moment où on les attend, la sécheresse peut provoquer de terribles famines.

- présent de l'indicatif
- accord des adjectifs qualificatifs

307 Jour de pluie

Il pleuvait depuis les premières heures du jour. Les feuilles, emportées par le vent, tourbillonnaient et se posaient sur le sol détrempé. Sur l'arbre du jardin grelottaient quelques oiseaux. La lumière du jour était tellement pâle qu'on les distinguait à peine sur le ciel uniformément gris et sale. Le jour et la nuit semblaient se confondre dans une tristesse infinie.

- imparfait de l'indicatif
- accord du verbe : sujet inversé ; sujet éloigné

EXPLOITATION

Quels noms connais-tu pour désigner la pluie ?

308 Les dictons   dictée préparée p. 62

Depuis toujours, les hommes ont travaillé la terre, ont jardiné en tenant compte des éléments qui les entourent. En effet, la chaleur, le froid, le vent, la pluie, la sécheresse agissent sur la nature. Ainsi, on a inventé des dictons qui sont le reflet des observations faites au fil du temps.

« À la Saint-Blaise, l'hiver redouble ou s'apaise. »

« Il vient au jardin plus de choses que le jardinier n'y met. »

« Crapaud qui chante, pluie battante. »

« Automne en fleurs, hiver plein de rigueur. »

- présent de l'indicatif
- passé composé
- accord du verbe : sujet éloigné
- on/ont

EXPLOITATION

À ton tour, crée un dicton pour chaque saison.

309 Le réveil d'une marmotte

- passé composé
- la/l'a/là
- accord
du verbe :
sujet éloigné

Le printemps est là. Dame marmotte a mis le <u>nez</u> dehors et le <u>soleil</u> la regarde et <u>la</u> réchauffe. Elle a passé l'hiver à dormir dans son terrier. Son corps fatigué et <u>amaigri</u> la fait paraître perdue dans un manteau trop grand. Elle a attendu la saison du renouveau durant six mois. L'air frais la grise un peu. Les prairies d'herbe tendre l'appellent. <u>Le</u> bleu du ciel, elle l'a enfin retrouvé. Bonjour à la vie !

QUESTIONS

1) Explique : *la saison du renouveau ; L'air frais la grise un peu.*

2) Donne trois mots de la famille de *frais*.

3) Donne la nature et la fonction des mots soulignés.

4) *Le soleil la regarde et la réchauffe.* Mets cette phrase au passé composé et à l'imparfait de l'indicatif.

310 Été en Alaska

- présent
de l'indicatif
- accord du
verbe : sujet *qui*

Au mois de juillet, arrivent de l'océan les saumons qui se répandent dans toutes les rivières de l'Alaska. Les villages se vident car les natifs rejoignent les camps de pêche traditionnels. Ils travaillent en équipes pour capturer, faire sécher ou fumer le poisson, en prévision du prochain hiver… Les touristes se pressent par milliers dans les villes côtières pour observer les ours qui se concentrent autour des rivières où pullulent les saumons.

C. WOHLFORTH et T. BEAN, *Merveilleux Alaska*, D.R.

311 L'approche de l'hiver

- imparfait
de l'indicatif
- leur/leurs

Les Indiens galopaient à travers les prairies depuis déjà plusieurs heures. Leurs chevaux les emmenaient au-delà des collines, là où un troupeau de bisons attardé leur avait été signalé. Un imperceptible engourdissement de la nature les avertissait : la neige serait précoce cette année et leurs réserves de viande leur paraissaient insuffisantes. Il leur fallait donc encore chasser avant les grands froids pour assurer la subsistance de leurs femmes et de leurs enfants durant l'hiver.

312 En Inde

En Inde, la saison sèche dure de décembre à février. Les températures restent élevées dans le Sud et s'abaissent au Nord, avec parfois des gelées la nuit. De mars à mai, la sécheresse se prolonge et la chaleur devient écrasante. La végétation se dessèche, l'activité agricole s'arrête pratiquement jusqu'à l'arrivée libératrice de la mousson qui commande la vie du monde indien.

• présent de l'indicatif

• noms terminés par *-ée, -té* et *-tié*

313 Le printemps

dictée préparée p. 62

L'herbe verte du gazon, les premiers rameaux et bourgeons, l'arrivée des premières hirondelles, le soleil plus sûr de lui, tout annonçait dans la plus grande joie le printemps. On entendait à nouveau le gazouillis des oiseaux, le chardonneret, la mésange ; tous étaient au rendez-vous. Toute la Nature s'était réveillée comme par un coup de baguette magique. Les brumes matinales feraient désormais place à un léger voile et la froidure redoutée du soir à une fraîcheur bienvenue.

• imparfait de l'indicatif

• tout/tous

314 L'annonce du printemps

Dans l'engourdissement de l'hiver, les semaines et les mois s'écoulèrent. Puis, vers le milieu du mois de mars, le froid diminua et les premiers signes du printemps apparurent. Chaque jour, sur les massifs ensommeillés, le soleil s'efforça de monter plus haut dans le ciel, faisant fondre la neige. Les sapins perdirent une partie de leur blanc manteau. Le vent apporta des senteurs nouvelles et, doucement, les jours allongèrent. Alors, le vert s'affirma et ramena l'espérance.

• passé simple

• mots commençant par *ap, ac, af, ef* et *of*

EXPLOITATION

Parmi ces fleurs, laquelle à ton avis annonce le printemps ?
l'œillet – la rose – la primevère – le dahlia – le myosotis.

315 La giboulée

dictée préparée p. 63

• imparfait
de l'indicatif

• passé simple

• accord
des adjectifs
qualificatifs

Ramassé sur lui-même, le village attendait. Le ciel déjà gris s'était totalement éteint et, d'un seul coup, il céda. Une multitude de durs grêlons s'abattit sur les toits bleus et les rues environnantes, cinglant les vitres, fouettant les arbres nus, giflant les rares piétons frigorifiés. En quelques minutes, une pellicule blanche recouvrit le pays. Elle semblait défier la grisaille de ces tristes mois d'hiver.

316 L'automne et ses couleurs

• imparfait
de l'indicatif

• plus-que-parfait

• c'était/s'était

C'était l'automne. Depuis plusieurs semaines déjà, les hirondelles étaient parties. Dans les sous-bois, les bruns et les jaunes avaient remplacé les verts éclatants. Sur les plaines, à longueur de jour, traînaient des pans de vapeur. Le ciel était gris, sale, incertain. Des flaques d'eau parsemaient les chemins et une lumière pâle et triste paraissait vouloir noyer la nature malade. L'été s'était éloigné ; il semblait que c'était la vie qui finissait.

QUESTIONS

1) Explique : *des pans de vapeur ; la nature malade.*

2) Donne la fonction des mots et expressions soulignés.

3) Conjugue le verbe *parsemer* à l'imparfait et au plus-que-parfait.

EXPLOITATION

Le texte décrit quelques caractéristiques de la nature en automne. Sur le même modèle, décris une autre saison.

317 Le retour du printemps

• futur simple

Les jours seront plus chauds et s'allongeront. Les bourgeons se gonfleront de sève. Ils grossiront tant que leurs écailles s'écarteront. Des petites feuilles, recouvertes de duvet et encore fripées, pointeront une tête humide. Les rameaux s'élanceront vers la lumière du soleil. Chaque jour, ils pousseront plus haut. Les feuilles se déplieront alors le long de la tige.

318 Le mois de mai

En mai, tout doit être joyeux : les massifs, les oiseaux et surtout le jardinier. C'est un mois qui peut être chaud, même sec et où tout est permis. Semez en pleine terre, songez aux bulbes pour l'été, garnissez les jardinières à votre fantaisie… Les tendres radis, les fraises et les bouquets amènent le printemps sur les tables. Mais attention ! Les beaux jours invitent aussi les pucerons et certaines maladies. Et soyez vigilants, les mauvaises herbes poussent aussi vite que nos amies les plantes.

- présent de l'indicatif
- impératif présent
- accord des adjectifs qualificatifs

319 La fin de l'été

L'été s'est achevé. Les rayons du soleil ont maintenant du mal à percer les nuages de plus en plus épais. Les oiseaux migrateurs se sont rassemblés pour leur long voyage annuel. Dans les jardins, quelques arbres roussissent déjà. Les roses tombent dans une pluie de pétales ; seuls les géraniums tiendront jusqu'aux premières gelées.

- indicatif

EXPLOITATION

Peux-tu donner le nom de quelques oiseaux migrateurs ?

320 Ode à la pluie

Je dois être un peu fou, car, lorsque je vois un <u>nuage</u>, j'applaudis. Mais oui, j'aime la pluie ! J'aime la pluie d'été qui nourrit la terre et délivre le corps ; j'aime la pluie-mélancolie qui martèle ses <u>gouttes</u> au rythme de mon <u>ennui</u> ; j'aime la pluie paresse qui gifle les vitres et semble <u>me</u> dire : « Ne sors pas, il fait bien trop mauvais. Prends un livre et allonge-toi. »

- présent de l'indicatif
- impératif présent

QUESTIONS

1) Explique : *la pluie d'été qui nourrit la terre ; la pluie-paresse qui gifle les vitres.*
2) Dans quel sens le verbe *marteler* est-il employé ? Fais une phrase en l'employant dans un autre sens.
3) Donne la nature et la fonction des mots soulignés.
4) *Lorsque je vois un nuage, j'applaudis.* Combien vois-tu de propositions dans cette phrase ? Donne leur nature.
5) Conjugue à l'impératif présent : *laver ; finir ; courir.*

Les animaux

321 Le geai jardinier

- présent
de l'indicatif
- accord
du verbe :
sujet éloigné

En automne, le geai fait des « provisions » de glands. Il en cueille cinq ou six, les entasse dans son gosier, les porte à distance dans un autre bois puis les enfouit plus ou moins sous la mousse ou dans l'herbe. Les glands germent car il semble que l'oiseau ne s'en occupe plus après. [...] Ainsi, le geai compense les dégâts qu'il commet dans les pépinières.

M. Cuisin, *Les animaux des bois et des forêts*, © Hachette Jeunesse, 2004.

322 La grive et les escargots

- présent
de l'indicatif
- accord
du verbe :
sujet éloigné

La grive est un oiseau qui aide le jardinier à lutter contre les escargots du jardin. La grive les repère, descend en piqué et se pose près d'eux. Elle s'approche alors en sautillant à pieds joints, les pique avec son bec et s'envole. Une fois à côté de son nid, la grive choisit une pierre ronde sur laquelle elle frappe plusieurs fois l'escargot pour briser sa coquille.

323 Le prince blanc

- imparfait
de l'indicatif
- plus-que-parfait

Crin-Blanc tenait ses promesses. Il était plus élancé que les autres poulains. Son poitrail était large, bien ouvert. Ses jambes nerveuses n'étaient qu'un paquet de muscles... Un cheval redoutable, surtout, au sang brûlant et d'une violence terrible. Les hommes l'avaient arraché à sa mère à l'âge où l'on a peur de tout ce qui bouge sur le marais, et même de son ombre. Il n'était qu'un jeune poulain quand ce grand malheur lui était arrivé.

R. Guillot, *Crin-Blanc*, © Le Livre de Poche Jeunesse, 2008.

QUESTIONS

1) Explique : *élancé ; un sang brûlant*.

2) Donne la nature et la fonction des mots soulignés.

3) Conjugue aux 1res personnes du singulier et du pluriel et à tous les temps simples de l'indicatif les verbes *arracher* et *arriver*.

EXPLOITATION

Retrouve, à chaque fois, le nom de la femelle et du petit :
le cheval – le porc – le lièvre – le sanglier – le jars – le mouton.

324 Les menus de l'ours

Au sortir de l'hibernation, l'ours passe beaucoup de temps à parcourir son territoire à la recherche de nourriture. Il débusque les insectes dans les troncs pourris, les glands conservés sous la neige et mange fougères et bourgeons. En été, le plantigrade gratte le sol à la recherche des tubercules et cueille, dans les forêts, cerises, groseilles et autres mûres. Il lui arrive aussi d'abattre quelques brebis. C'est en automne que les fruits secs composent l'essentiel de son menu.

• présent de l'indicatif
• pluriel des noms

325 Le goéland

Seul, loin du bateau et du rivage, Jonathan Livingston le Goéland s'exerçait. À une trentaine de mètres d'altitude, il abaissait ses pattes palmées, relevait son bec et s'efforçait douloureusement d'imprimer à ses ailes une plus forte cambrure. Cette cambrure freinait son vol […] Les yeux à demi fermés, retenant sa respiration, se concentrant furieusement, il s'efforçait d'incurver ses ailes un peu plus… un peu plus encore… Puis la perte de vitesse ébouriffait ses plumes, il décrochait et tombait.

R. BACH, trad. P. CLOSTERMANN, *Jonathan Livingston, le Goéland,*
Librio – Flammarion.

• imparfait de l'indicatif
• verbes en -cer, -ger et guer

326 Les marmottes

Les marmottes vivent dans l'alpage, sur les versants bien exposés au soleil. Elles choisissent un terrain bien meuble pour creuser leur terrier. Les galeries sont juste assez larges pour laisser passer l'animal. Elles forment un réseau de plusieurs dizaines de mètres dont les entrées sont souvent dissimulées sous une grosse pierre. Le fond du terrier est occupé par une vaste chambre. Tous les membres de la famille y passeront l'hiver en hibernation, serrés les uns contre les autres.

• présent de l'indicatif
• participe passé en é ou infinitif en -er
• accord du participe passé

327 Une rencontre

Vincent se promène en forêt avec Dixie, sa jeune chienne noire. Au détour d'un sentier, Dixie aperçoit un écureuil et aboie. Rapide comme l'éclair, le petit animal escalade un chêne voisin et, arrivé aux premières branches, épie les intrus. Vincent essaie de s'approcher encore. L'écureuil le suit des yeux. Tout doucement, à pas timides, le garçon continue d'avancer. Mais, derrière lui, la chienne s'ennuie et remue. Alors, d'un seul coup, pffft…, la tache rousse s'enfuit et disparaît.

• présent de l'indicatif

328 Les chèvres

dictée préparée p. 64

• imparfait
de l'indicatif

• plus-que-parfait

• accord du
participe passé

Les chèvres étaient retournées à l'état sauvage. Mais comme presque toutes les bêtes qui vivent en liberté, elles s'étaient organisées en groupes que commandaient les boucs les plus forts et les plus sages. Ces maîtres-boucs obéissaient eux-mêmes à un roi-bouc d'une taille et d'une force terribles, qui s'appelait Andoar. Quand un danger menaçait le troupeau, il se rassemblait, généralement sur une colline ou un rocher, et toutes les bêtes du premier rang baissaient la tête et opposaient à l'ennemi une barrière de cornes infranchissable.

M. Tournier, *Vendredi ou La vie sauvage*, © Éditions Gallimard.

329 Le mouton

• imparfait
de l'indicatif

• passé simple

L'hiver tombait sur la montagne.
Déjà la neige virevoltait.
L'hiver, c'était comme un vrai bagne.
Nu, le mouton se sentait laid.
Alors, il monta le plus haut possible,
À la limite de son voyage.
Tout près du ciel inaccessible,
Il cueillit un petit nuage.
Un nuage frisé, tout blanc
Qui lui allait parfaitement,
Si blanc, si doux, si chaud
Qu'il s'en fit un manteau.
[…]

S. Annarumma, *Poèmes : les animaux*, Lire c'est partir.

330 Chien et belette

• imparfait
de l'indicatif

• plus-que-parfait

• passé simple

Tête basse, Lassie contemplait cet animal inconnu. Mais la belette avait sans doute pressenti l'approche du danger, car au moment même où Lassie bondissait, elle s'enfuit en poussant des cris aigus. Avec la rapidité d'un éclair, la petite bête se fraya un passage parmi les bruyères touffues, filant à toute vitesse, comme de l'eau courante. Lassie tourna sur elle-même pour surveiller son adversaire.

E. Knight, *Lassie, chien fidèle*, trad. J. de Villebonne,
© Le Livre de Poche Jeunesse, 2002.

EXPLOITATION

Dessine une belette en t'aidant de ton dictionnaire.

331 Ma chienne

Je regarde ma chienne allongée sur le tapis. Dans son attitude, tout laisse penser qu'elle dort et pourtant, je sais qu'elle épie chaque bruit de la maison. Un froissement d'étoffe, un interrupteur qu'on enclenche, une porte qu'on ouvre et c'est une oreille qui se dresse, un œil qui s'ouvre ou la queue qui s'agite. Toutes mes ruses pour la prendre en défaut échouent inévitablement : on n'abuse pas Nouka ! Quel bel animal ! Quelle fidèle compagne !

- présent de l'indicatif
- quel/quelle/qu'elle
- on/on n'

332 Grand-Loup

Avec tout ça, les saisons passaient, les enfants grandissaient, devenaient de jeunes loups, de vrais chasseurs, et on n'avait jamais vu d'Homme. Enfin, jamais de près […] Le jour où Grand-Loup s'était battu avec eux, on avait entendu les rugissements de Grand-Loup, puis le hurlement d'un homme, un croc planté dans chaque fesse, des cris de panique, des ordres, puis un bruit de tonnerre, puis, plus rien. Grand-Loup n'était pas revenu.

- imparfait de l'indicatif
- plus-que-parfait
- on/on n'

D. PENNAC, *L'œil du loup*, coll. « Pleine Lune », © Nathan, 1984, 1992.

333 L'ours pêcheur

Un matin de juin, alors que je remontais en canoë une rivière d'Alaska pendant la migration printanière des saumons, je vis un ours qui pêchait. Il avait trouvé un banc de sable et était assis dans quelques centimètres d'eau. Quand un saumon passait à sa portée, le dos rouge écarlate sortant de l'eau, l'ours attrapait le poisson d'un coup de patte de devant et le jetait hors de l'eau. Il prit ainsi trois ou quatre saumons.

- imparfait de l'indicatif
- plus-que-parfait
- passé simple

334 Les deux gourmands

Tybert montra le chemin. Il connaissait visiblement déjà bien la maison et fit entrer Renart dans le logis. Les deux gourmands parvinrent devant le grand coffre qui faisait l'objet de leurs recherches.
– Soulevez le couvercle, chuchota Tybert. J'entrerai le premier afin de m'assurer qu'il n'y a pas de piège.
Renart fit ce qu'on lui dit. Le chat se faufila avec adresse ; il passa la tête, le corps puis la queue. Enfin, il se mit aussitôt au travail et lapa le lait avec délectation.

- imparfait de l'indicatif
- passé simple
- impératif présent

Karine TOURNADE, *Le roman de Renart*, Lire c'est partir.

Portraits

335 Une drôle de fille

• imparfait
de l'indicatif

• accord
des adjectifs
qualificatifs

Elle avait neuf ans et elle vivait toute seule […]
Ses cheveux roux comme des carottes étaient tressés en deux
nattes qui se dressaient de chaque côté de la tête. Son nez,
parsemé de taches de rousseur, avait la forme d'une petite
pomme de terre nouvelle. Sous ce nez, <u>on</u> voyait une grande
<u>bouche</u> aux dents saines et blanches. Sa robe était fort
<u>curieuse</u>… Elle portait des bas – un marron, un noir – sur ses
grandes jambes maigres. Et puis, elle était chaussée de souliers
noirs deux fois trop grands pour elle.

A. LINDGREN, trad. A. GNAEDIG, *Fifi Brindacier*,
© Le Livre de Poche Jeunesse, 2007.

QUESTIONS

1) Trouve, dans le texte, trois détails qui montrent que Fifi est
une fillette un peu bizarre.
2) Donne la nature des propositions de la 2e phrase.
3) Donne la nature et la fonction des mots soulignés.
4) Recopie les participes passés et donne l'infinitif des verbes
correspondants.
5) Conjugue ces verbes à l'imparfait de l'indicatif.

EXPLOITATION

En tenant compte des renseignements donnés, dessine Fifi
telle que tu la vois.

336 Le pianiste

• présent
de l'indicatif

• passé composé

• c'est/s'est

Le corps bien droit, les mains posées à plat sur les genoux,
il attend. L'orchestre, à sa gauche, joue. Il écoute. Ses bras
se lèvent légèrement ; c'est à lui. Son corps se détend ; ses
doigts courent sur le clavier du piano blanc. Il aime cette
musique ; c'est sa vie. Il a oublié les centaines de personnes
venues l'écouter. Il s'est plongé dans un autre univers, et, sur
son visage, se lit une agitation extrême.
Puis, quand la dernière note s'est échappée de ses doigts, son visage
redevient lisse. Alors, il se tourne vers le public qui applaudit.

EXPLOITATION

Comment appelle-t-on le musicien qui, par moments, joue seul ?

337 Le ramoneur

Un homme grand et maigre, avec des cheveux blond-roux et rêches, portant sur son dos un énorme baluchon, traverse le village à longs pas. De ses yeux bleus perçants, il regarde les enfants devant les maisons. Et les petits enfants le regardent sans sourire. Ils le connaissent. C'est lui qui vient chaque automne former la troupe de Savoyards qu'il emmène en France pour le ramonage.

M.-C. HELGERSON, *Dans les cheminées de Paris*, Castor Poche – Flammarion.

- présent de l'indicatif
- accord des adjectifs qualificatifs
- accord du verbe : sujet éloigné

EXPLOITATION

Répondre par vrai ou faux : l'action décrite se déroule en 1902. Relis la dernière phrase et fait une recherche historique.

338 Une reine étrange

La reine Éléonore était gentille, mais vraiment trop distraite. Elle oubliait de s'habiller le matin, elle oubliait l'heure du repas, elle oubliait ses invités, et même, parfois, elle oubliait qu'elle était reine. Si bien qu'on pouvait la retrouver dans un champ à garder un troupeau de moutons, ou sous un noyer, à gauler les noix, ou en train de construire un radeau sur le bord de la rivière. Le roi trouvait que la vie était très difficile, avec une reine pareille. Souvent, il la grondait, mais cela ne servait à rien.

- imparfait de l'indicatif
- préposition et infinitif du verbe

E. BRISOU-PELLEN, *La vraie princesse Aurore*, coll. « Rageot Romans », © Rageot.

339 La nature humaine

Flavio se tait. Un long moment, rêveur, il contemple les loups qui font la sieste autour de la caverne.

« C'est bête, les humains, marmonne-t-il dans sa barbe. Toujours anxieux, pressés. Pour leur boulot, pour leurs enfants. Ils ne savent pas laisser le temps au temps [...]
Regarde ceux-là ! Ils ne se prennent pas la tête. Ils se laissent porter par le grand rythme de la vie. L'horloge du monde fonctionne en eux : un temps pour naître et grandir, un autre pour être adulte et un temps pour mourir... voilà ! »

- présent de l'indicatif
- préposition et infinitif du verbe

A. MIRMAN, *Un jour, un enfant, un loup*, © Le Livre de Poche Jeunesse, 2008.

EXPLOITATION

Recherche les différents noms qu'on donne aux loups en fonction de leur âge.

340 Peuple de la Longue Île

• présent
de l'indicatif

• accord
du verbe :
sujet éloigné

Le chef est un homme solide, épais, avec un lourd visage aux angles polis et arrondis comme le sont les roches du fleuve. Il tient dans sa main droite une grosse pipe dont le bord du foyer semble avoir été rongé par un rat. Elle est éteinte. Il la porte de temps en temps à ses lèvres et souffle dans le tuyau deux ou trois petits coups secs en tapotant de la langue […] Le chaman maigre, voûté, avec de longues mains frêles et recuites, porte une espèce de tunique en peau de caribou lacée sur le devant et les flancs par une tresse de cuir noir. Son crâne est recouvert jusqu'aux sourcils par une toque de laine blanche.

B. CLAVEL, *Maudits sauvages*, avec l'aimable autorisation
des Éditions Albin Michel.

341 Un bébé curieux

• présent
de l'indicatif

• accord
des adjectifs
qualificatifs

• accord
du verbe :
sujet éloigné

Marine est un bébé rose, aux joues bien <u>pleines</u>. Ses sourcils recourbés donnent à ses grands yeux bleus un air perpétuellement étonné. Elle joue dans le <u>salon</u> sous les regards attendris de ses grands-parents. Murmurant quelques paroles compréhensibles d'elle seule, elle <u>se met</u> à quatre pattes et file en direction d'un objet <u>étrange</u> tombé sous la table basse. De ses petites mains potelées, elle le ramasse et sourit. Elle s'assied, observe la chose attentivement, goûte, fait une grimace, crie et <u>la</u> jette. Elle repart alors vers d'autres horizons, dans cet endroit si riche en découvertes.

QUESTIONS

1) Explique : *ses petites mains potelées*.
2) Donne la nature et la fonction des mots soulignés.
3) Conjugue au présent de l'indicatif : *se battre ; trier ; fournir*.

342 Femme et ménestrel

• imparfait
de l'indicatif

• accord
des adjectifs
qualificatifs

La jeune femme s'appelait Mathilde. Elle devait avoir une vingtaine d'années, elle était grande et elle avait des yeux bruns et brillants. Sa longue chevelure sombre était emprisonnée dans une résille de toile verte. Elle portait une robe vert tendre, gaie, quoique plus très neuve. Une bourse verte pendait à la tresse de laine bleue qui lui prenait la taille. Elle portait sur le dos, en bandoulière, un sac en cuir de sanglier d'une forme fort étrange.

D. VAN VOERKOM, trad. R.-M. VASSALLO, *Perle et les ménestrels*,
Castor Poche – Flammarion.

343 Une curieuse apparition

Maman a ouvert. Une femme deux fois plus grande qu'elle est entrée. Quelle allure ! Je ne suis pas près de l'oublier. Un museau de tapir posé sur un corps de girafe, le tout surmonté d'un petit chignon gris en forme de crotte de bique. Elle portait un manteau gris, une sacoche grise, des bas gris qui plissaient autour de ses jambes maigres comme des bouts de bois et des chaussures noires, toutes plates, qui semblaient dater du Moyen Âge.

- indicatif
- accord du verbe : sujet *qui*

F. JOLY, *La grande méchante nounou*, Casterman.

344 Le comédien

Il va entrer en scène. Il entend les murmures de la salle. Son premier rôle, il l'a attendu durant des années et maintenant sa chance est là, derrière le rideau. Il s'encourage une dernière fois : « Aie confiance en toi, va vers les spectateurs, réponds à leur attente, ne pense plus qu'à ton rôle. » Une ultime inspiration et il s'élance. Le public, son public, il l'a devant lui. Une première réplique, puis une autre. Son personnage le porte… Il a déjà gagné.

- impératif présent
- la/l'a/là

EXPLOITATION

Qu'est-ce qu'une comédie ? une tragédie ?

345 Thomas

Il a le même âge que moi : treize ans. Comme il est grand et élancé, on ne devine pas à première vue qu'il est extrêmement robuste, mais c'est un sportif accompli, et il lui est même arrivé de battre dans des compétitions de lutte ou de boxe, des garçons bien plus âgés que lui. Pourtant, ce n'est pas un bagarreur, loin de là ! Il est aimable, bienveillant et, s'il se montre parfois d'une folle gaieté, il est dans l'ensemble d'un tempérament plutôt sérieux.

- présent de l'indicatif
- et/est
- accord des adjectifs qualificatifs

H. WINTERFELD, *Les enfants de Timpelbach*, trad. O. SÉCHAN,
© Le Livre de Poche Jeunesse, 2008.

La vie sociale et économique

346 L'école de la vie

• présent
de l'indicatif

• son/sont

Apprendre pour enrichir sa pensée, sa connaissance, son action sur le monde, c'est depuis toujours la passion des hommes.

C'est aujourd'hui un droit que proclame clairement la Convention relative aux droits de l'enfant. Pourtant, en ce début de XXIe siècle, plus de 90 millions d'enfants ne reçoivent aucune formation scolaire et 800 millions d'adultes sont analphabètes. En Afghanistan, par exemple, à peine un enfant sur cinq fréquente l'école, un sur sept au Mali.

La situation des filles est particulièrement alarmante.

A. SERRES, *Le Grand Livre des droits de l'enfant*, © Éditions Rue du monde, 2009.

347 Les algues

• présent
et imparfait
de l'indicatif

• et/est

Le ramassage du goémon est une activité ancestrale des côtes du Finistère. Autrefois, elle se pratiquait sur les plages à marée basse, et ces algues servaient d'engrais pour les cultures. Aujourd'hui, le goémon noir est toujours ramassé à pied, mais la récolte des laminaires se pratique à bord de navires de pêche pourvus d'un bras mécanique appelé « scoubidou ». On en extrait ensuite des produits pour l'industrie alimentaire, l'industrie cosmétique et la fabrication de pâte à papier.

348 L'action humanitaire

• présent
de l'indicatif

• ou/où

L'action humanitaire s'exerce dans deux domaines, l'urgence et le développement, partout où c'est nécessaire sans se soucier des frontières. En cas de guerre, de catastrophe naturelle, de famine, d'épidémie, les volontaires des ONG sont là : ils soignent ou distribuent de la nourriture. Mais l'action humanitaire aide aussi les personnes les plus pauvres à mieux vivre. Par exemple en organisant des campagnes de vaccination ou en construisant des écoles, en construisant des puits dans le désert ou en aidant des petits paysans.

349 Le trappeur   dictée préparée p. 64

Bravant la bourrasque, le dos arrondi, le trappeur parcourt la forêt ensevelie sous la neige. Son visage est rougi par le froid. Plus le vent souffle et plus l'homme s'aplatit. Soudain, il s'accroupit. Ses doigts engourdis fouillent la neige, découvrent un piège. Aucune prise. En quelques gestes précis, tout est replacé. Le trappeur se redresse et poursuit son chemin. Ses raquettes le conduisent vers un autre piège, plus loin, dans les profondeurs de la forêt endormie.

- présent de l'indicatif
- et/est

350 Au large du Groenland   dictée préparée p. 65

Sur le <u>chalutier</u>, véritable usine flottante, le <u>filet</u> pesant <u>plusieurs</u> tonnes est remonté à bord et déversé. Il faut maintenant trier les crevettes. Puis elles seront cuites ou congelées et enfin empaquetées par des hommes qui, dans les cales du bateau, passent des jours sans voir la mer. <u>Ceux-là</u> ne se sentent pas vraiment marins. Sur le pont, les pêcheurs ont les moustaches, les sourcils et les cils givrés. Ils accomplissent la manœuvre avec des gestes <u>précis</u>. Ils tapent des pieds. Le froid est difficilement supportable.

- présent de l'indicatif
- participe passé en é ou infinitif en er
- accord des adjectifs qualificatifs

QUESTIONS

1) Explique : *véritable usine flottante ; les moustaches, les sourcils et les cils givrés.*
2) Décompose le mot *empaquetées*. Trouve deux mots ainsi formés.
3) Donne la nature, le genre, le nombre et la fonction des mots soulignés.
4) *Ils accomplissent [...] pieds.* Conjugue ces deux phrases au présent, à la 3e personne du singulier.

351 Le stylo bille

Le stylo bille n'est pas seulement un objet pratique servant à écrire. On s'en sert également comme support publicitaire et il peut être un objet de collection d'une grande marque qu'on aimerait posséder. On le trouve avec différentes couleurs d'encre, mais également avec des objets flottants, des diodes lumineuses, avec une mine pivotante afin d'éviter l'usure trop rapide de la bille. Certains modèles sont devenus célèbres. On n'oubliera pas le stylo jetable (le *Bic*) dont environ 5,5 millions d'exemplaires sont vendus dans le monde par jour.

- présent de l'indicatif
- accord des adjectifs qualificatifs
- on/on n'

352 Un enfant sans enfance

• présent
de l'indicatif

• sans/s'en

• verbe
ou nom ?

Laurent a onze ans. Du matin au soir, il travaille sans relâche, plus de dix heures par jour. Quand son père le réveille, avec le jour, il avale un maigre petit déjeuner et, les yeux pleins de sommeil, s'installe face au métier. Il tisse la soie dans l'atelier familial. C'est un travail pénible, monotone. Il doit s'en accommoder, ne pas se plaindre, gagner sa vie. Souvent, il se dit que quand il sera grand, il s'en ira. Sans regret.

EXPLOITATION

1) L'action de la dictée se passe en France :
il y a approximativement : dix ans ? cinquante ans ? cent ans ?
2) Fais une recherche pour savoir si le travail des enfants existe encore aujourd'hui dans d'autres pays du monde.

353 Chercheurs d'or   dictée préparée p. 66

• présent
de l'indicatif

• préposition et
infinitif du verbe

Une nouvelle extraordinaire se propage dans tout le pays : on a trouvé de l'or, là-haut, dans le Grand Nord. Des milliers d'hommes et quelques femmes guidés par un même rêve – devenir riches – dépensent alors leurs maigres économies pour acheter le matériel nécessaire et pour se transformer ainsi en prospecteurs. Ils doivent d'abord entreprendre un voyage exténuant à travers les montagnes, puis accepter de vivre dans des conditions très difficiles, dans une nature hostile. Combien d'entre eux réussiront à trouver le filon tant convoité ?

EXPLOITATION

Dans quel pays a eu lieu la ruée vers l'or ? Situe historiquement cette période.

354 Dans le désert

• présent
de l'indicatif

• accord
des adjectifs
qualificatifs

Dès que l'oasis, ses maisons, sa vie facile auront disparu à l'horizon, ce sera de nouveau la vie simple, mieux, la vie sauvage, élémentaire, brutale, sévère, ascétique à souhait mais, il faut le reconnaître, parfaitement salubre. Toujours agréable, non ; saine, oui et pleine d'enseignements précieux pour des civilisés qui ont fini par confondre l'accessoire, l'inutile, l'artificiel, trop souvent même le malsain, avec l'indispensable.
L'indispensable, le vrai, ne pèse pas lourd, à peine trente kilos par mois ; c'est la ration officielle des méharistes.

355 Les élections au village

Le soir des élections municipales, nous avons assisté au dépouillement du scrutin. Après l'ouverture de l'urne, que de bulletins à trier ! Tous les candidats étaient là. Ils restaient silencieux et attentifs dans l'attente du décompte définitif. Parfois, ils échangeaient quelques mots, avançaient un pourcentage, tentaient une approximation, puis s'obligeaient à se taire à nouveau. Petit à petit, on distinguait un début de résultat.

- imparfait de l'indicatif
- accord du verbe : sujet éloigné
- verbes en -cer, -ger et -guer

EXPLOITATION

Recopie et complète :
– les élections des députés sont les élections ... ;
– l'élection du président de la République est l'élection ... .

356 L'évolution d'un métier   **dictée préparée p. 66**

Le travail des <u>bûcherons</u> a bien changé lors de ces <u>dernières</u> années. Autrefois, la cognée volait et entaillait le bois ; le passe-partout mordait l'arbre qui tremblait peu à peu, se penchait puis s'abattait dans un craquement sinistre. <u>Aujourd'hui</u>, la tronçonneuse a remplacé la <u>hache</u> et la scie. Nos forêts agonisent maintenant dans le bourdonnement strident des machines à sectionner, à fendre, à ébrancher, à étêter et à débiter.

- passé composé
- imparfait
- a/à

QUESTIONS

1) Explique : *la cognée volait et entaillait le bois ; le passe-partout.*
2) Donne deux mots de la famille de *bûcheron*.
3) Donne un synonyme de *mordait* dans l'expression *mordait l'arbre*.
4) Donne la nature et la fonction des mots soulignés.
5) *Autrefois [...] sinistre.* Mets cette phrase au pluriel.

357 Les pêcheurs de crevettes

Dans le Nord de la France, aux Pays-Bas et en Angleterre, ils étaient des milliers au XIXe siècle à pratiquer la pêche à la crevette à dos de cheval. Aujourd'hui, cette pêche a pratiquement disparu ; seule une petite dizaine de pêcheurs maintient cette tradition. Grâce à eux, les touristes découvrent une technique de pêche unique au monde, le « labourage » de la mer par des animaux de trait : un grand filet, tiré par un cheval immergé jusqu'au poitrail, récolte des crevettes par centaines.

- présent de l'indicatif
- a /à

O. Clerc, *La pêche en mer*, coll. « Vivre la mer », © Gulf Stream Éditeur, 2009.

Les sciences et les techniques

358 Le radeau des cimes

- présent de l'indicatif
- c'est/s'est

C'est un observatoire déposé au sommet de la forêt équatoriale. Il est fait de boudins remplis d'air et de filets. C'est un outil qui permet aux chercheurs d'approcher le faîte des arbres et les bruits de la forêt qui remontent de l'obscurité : cris d'animaux, craquements de branches, chants d'oiseaux. Grâce à cette extraordinaire nacelle, l'océan vert s'est ouvert aux scientifiques et s'est délivré de certains secrets.

359 Les étoiles filantes

- présent de l'indicatif

Les météores, ces cailloux de l'espace, croisent parfois l'orbite terrestre. Ils parviennent alors dans une zone où ils tombent vers notre planète. Mais ils rencontrent alors l'atmosphère et s'échauffent. C'est ainsi que par de belles nuits d'été, on voit dans le ciel des étoiles filantes : ce sont des météores qui brûlent et deviennent, en atteignant le sol, des météorites.

360 Les inventions chinoises

- présent de l'indicatif
- accord des adjectifs qualificatifs

Avec le papier et l'imprimerie, la boussole et la poudre sont les principales inventions réalisées en Chine. La première est mise au point il y a environ 2 000 ans, lorsque les Chinois découvrent les propriétés de l'aimant. Ces boussoles rudimentaires équipent chars et bateaux. À la fin du Ier millénaire, bons chimistes, les Chinois inventent la poudre […]. Dans un premier temps, il s'agit de fabriquer des feux d'artifice. Mais on s'aperçoit vite que la poudre peut être utilisée dans un but militaire.

L'encyclopédie de l'humanité, © Hachette Image.

361 Le vaccin

Grâce au biologiste Louis Pasteur, inventeur du vaccin contre la rage, on connaît le moyen d'éviter certaines maladies très graves. Le vaccin est un produit médical qu'on introduit dans le corps humain pour le protéger contre une maladie précise. En réalité, il s'agit d'une très petite quantité de la maladie elle-même. Le corps réagit et se défend. Pour fabriquer un vaccin, les scientifiques cherchent à comprendre le fonctionnement du virus ou de la bactérie responsable. Du temps et de nombreux tests sont nécessaires pour le mettre au point définitivement.

- présent de l'indicatif
- préposition et infinitif du verbe
- accord des adjectifs qualificatifs

362 Les lunettes

Les premières lunettes, dont la plus ancienne représentation apparaît en Italie, datent du XIIIᵉ siècle. Elles n'avaient pas de branches, il fallait donc les tenir avec la main, ou à l'aide d'un manche sur le côté. Ces verres, dont la qualité n'était pas parfaite, apportaient aux vieilles personnes un peu de confort. Aujourd'hui, dans les pays industrialisés, 30 % des élèves des petites classes en ont l'utilité.

- présent et imparfait de l'indicatif
- dont/donc
- accord du verbe : sujet éloigné

363 Les moustiques

Le paludisme est une maladie parfois mortelle qui est transmise à l'homme par les moustiques dans les pays humides. À notre époque, pour lutter contre cette maladie, on utilise des médicaments et des insecticides qui détruisent également d'autres espèces et qui polluent les sols et l'eau. Des savants ont inventé un système qui identifie les insectes dangereux quand ils volent et les détruit au moyen d'un laser. Ils travaillent à améliorer cette invention afin de la rendre facilement utilisable.

- présent de l'indicatif
- accord du verbe : sujet qui

364 Les serres

Dans les pays froids, la chaleur n'est généralement pas suffisante pour faire pousser des légumes fragiles ou des légumes exotiques. On construit des serres spéciales, en verre ou en plastique transparent, où on peut cultiver presque toutes les plantes, car la température intérieure est réglable et contrôlée par ordinateur. En Islande, pays de l'Atlantique nord, grâce à la géothermie, on a pu installer de vastes serres où peuvent mûrir des bananes.

- présent de l'indicatif
- ou/où

365 Le doute, moteur de la science

- présent
de l'indicatif
- ses/c'est

L'erreur est inévitable, et sa correction est l'essentiel de la démarche scientifique. Faire des sciences, c'est pourchasser, puis rectifier ses erreurs. La science est la recherche de la vérité. C'est cette recherche qui entraîne le changement des lois ou des théories. Mais nous ne disposons jamais de la certitude d'avoir atteint cette vérité. C'est pourquoi le vrai scientifique va toujours douter.

R. PINCE, *Copain des sciences : le guide des scientifiques en herbe*,
© Éditions Milan, 2008.

EXPLOITATION

Indique à quel domaine scientifique s'intéressent ces sciences : la glaciologie – la botanique – la biologie – l'hydrographie – l'ethnologie.

366 Les sources d'énergie

- présent
de l'indicatif
- c'est/ces
- accord
des adjectifs
qualificatifs

Les énergies fossiles (charbon, pétrole, gaz naturel) sont actuellement très utilisées, mais vont finir par s'épuiser. C'est vers la nature que les scientifiques se tournent désormais, vers des énergies renouvelables comme le soleil, le vent, l'eau, la chaleur de la Terre. Ils essaient également d'en développer de nouvelles comme la chaleur des océans, le mouvement des vagues, l'amplitude des marées… L'avantage principal de ces énergies, c'est que leur utilisation ne pollue pas l'atmosphère ; elles ne produisent pas de gaz à effet de serre qui sont responsables du réchauffement de la Terre.

367 La météorologie

- présent
de l'indicatif
- accord du
verbe : sujet *qui*
- accord
des adjectifs
qualificatifs

Les pilotes d'avion qui vont entreprendre un long voyage, les pêcheurs qui prévoient une sortie en mer de plusieurs jours, les alpinistes qui projettent une ascension difficile utilisent les services de la météorologie.
Un simple coup de téléphone et les prévisions pour les heures qui suivent sont connues. Certains ordinateurs très puissants essaient de prévoir le temps pour les dix jours à venir, mais les phénomènes de l'atmosphère ne permettent pas encore de faire des prévisions très fiables pour une durée aussi longue.

368 Le téléphone portable

Les téléphones portables font partie de <u>notre</u> quotidien ; ils sont de plus en plus petits grâce à la miniaturisation des batteries. Mais il y a déjà bien longtemps que les portables ne servent plus uniquement à transporter la voix. Les téléphones <u>mobiles</u> du début du XXIe siècle permettent d'envoyer ou de recevoir des textes, des <u>images</u> et des films, de photographier, de se tenir au courant des évènements dans le <u>monde</u>… <u>On</u> en a besoin à tout moment…

• présent de l'indicatif

• a/à

QUESTIONS

1) Explique l'expression : *font partie de notre quotidien.*

2) Donne deux mots de la famille de *portable* et de *miniaturisation.*

3) Donne la nature et la fonction des mots soulignés.

4) Donne la nature des propositions de la 1re phrase.

5) Conjugue la dernière phrase à l'imparfait de l'indicatif et au futur simple.

369 L'ordinateur écologique

Bien plus que toutes les mises en garde, les campagnes d'opinion, l'ordinateur est sans doute le mieux placé pour défendre la forêt mondiale. En effet, sur des supports de plus en plus petits, il est possible de stocker une somme considérable d'informations. Sans l'ordinateur, des tonnes de papier auraient été nécessaires pour les recueillir. En limitant la consommation de papier, on évite l'abattage de milliers d'hectares de forêt.

• présent de l'indicatif

EXPLOITATION

Quelle est la plus grande forêt française ?

Quelle est la plus grande forêt d'Amérique du Sud ?

370 Les muscles

Les muscles du squelette travaillent par paires, en opposition. Quand le premier muscle se contracte, le second se relâche. Ce mode de fonctionnement se retrouve dans tout notre corps. Ce qui permet des mouvements aussi variés que se lever, marcher ou… sourire.

• présent de l'indicatif

• ce/se

371 La planète Neptune

• présent
de l'indicatif

• préposition et
infinitif du verbe

Neptune est une planète bien difficile à étudier. Trente fois plus éloignée du Soleil que la Terre, elle est invisible sans l'aide d'un télescope ; elle se présente alors sous la forme d'un minuscule disque verdâtre. Découverte seulement en 1846, les mystères qui l'entourent restent à percer. Ce que l'on connaît d'elle se résume à peu de chose : on sait surtout qu'il lui faut cent soixante-cinq ans pour faire le tour du Soleil.

EXPLOITATION

Cite toutes les autres planètes du système solaire.

372 Les centrales nucléaires

• passé composé
• a/à

Le nucléaire a toujours provoqué les passions, les controverses. Quelques accidents sont venus ajouter de l'eau au moulin des débats, selon les convictions de chacun. Mais un fait demeure : les centrales sont là, pour un bout de temps encore, même si l'on commence enfin à s'intéresser aux énergies renouvelables. Le nucléaire a offert aux industriels comme aux particuliers une électricité relativement bon marché avec, de plus, un pas vers l'indépendance énergétique.

EXPLOITATION

On produit de l'électricité notamment à partir du pétrole et du nucléaire. Quelles sont les autres sources utilisées pour produire de l'énergie électrique ?

373 La recherche scientifique · dictée préparée p. 67

• présent
de l'indicatif
• on/ont
• ou/où

À travers les journaux ou la télévision, nous apprenons régulièrement que les scientifiques ont obtenu de nouveaux résultats : chaque jour, on fabrique un meilleur médicament ou un ordinateur plus performant, on perce un peu plus les mystères de la vie ou l'on invente une arme plus terrifiante. Mais toutes ces découvertes, où nous conduisent-elles ? Au bonheur ou à la tragédie ? Un jour viendra où il faudra répondre à ces questions pour savoir où se cache le progrès.

EXPLOITATION

Documente-toi, puis explique en quelques lignes : ce qu'est le *clonage*, ce que sont les *OGM*.

374 Les progrès

En 1900, on s'éclairait à la bougie et on se promenait en voiture à chevaux. La radio et la télévision n'existaient pas ; plusieurs jours s'écoulaient entre le moment où un événement se produisait et celui où il était connu. En 100 ans, les sciences et les techniques ont fait plus de progrès qu'en 40 siècles ! Aujourd'hui, on vit à l'heure des satellites et des ordinateurs.

- imparfait de l'indicatif
- on/ont

375 La ferme du futur

Bientôt, les agriculteurs exploiteront leur ferme en utilisant très largement de l'électronique et de la robotique. En effet, si depuis des années déjà les fermes se sont modernisées, certaines tâches restent très contraignantes. Dans la ferme du futur, le paysan utilisera beaucoup plus l'informatique et surveillera à distance les robots, qui, à sa place, sauront s'occuper des vaches laitières et les traire, cueillir les fruits dans les vergers ou couper les arbres.

- futur simple

QUESTIONS

1) Dans le texte, le verbe *exploiter* est utilisé au sens propre. Que signifie-t-il au sens figuré ?

2) Beaucoup de noms de sciences se terminent par le suffixe *-ique*. Peux-tu en citer trois, sans reprendre les exemples de la dictée ?

3) Donne la nature et la fonction des mots soulignés.

4) Conjugue au futur simple : *être* ; *savoir* ; *cueillir*.

EXPLOITATION

Répertorie d'autres tâches qu'un robot pourrait accomplir dans une ferme, puis imagine qu'il se dérègle. Décris les « catastrophes ».

376 Les galaxies

L'univers où nous vivons est né d'une explosion colossale qui a formé un énorme nuage de poussières qui s'est mis à tourner. En tournant, les grains de matière se sont concentrés, donnant naissance à des étoiles. Toutes ces étoiles se sont regroupées pour former de gigantesques galettes, les galaxies, qui peuvent avoir de nombreuses formes. Le Soleil est une étoile de l'une de ces galaxies.

- passé composé
- accord du verbe : sujet *qui*

377 La modernisation de l'agriculture dictée préparée p. 68

• imparfait
de l'indicatif

• passé simple

• préposition et
infinitif du verbe

Alors qu'il fallait autrefois un jour pour faucher deux hectares, aujourd'hui, une heure seulement est nécessaire pour transformer la même surface en grains !

Pline l'Ancien attribuait aux Gaulois les premières tentatives de mécanisation de la moisson, mais l'histoire retint le nom de Robert Mac Cormick, un fermier de Virginie aux États-Unis, comme le véritable inventeur de la moissonneuse. En 1834, son fils commercialisa l'invention et dix ans plus tard, à force d'efforts et de démonstrations dans tout le pays, il commença à vendre son invention.

Les grands génies de l'humanité : le XIXᵉ siècle, Timée Éditions.

378 La domotique

• présent
de l'indicatif

• accord du
verbe : sujet *qui*

Le chauffage qui s'arrête si une fenêtre reste ouverte, la lumière qui s'éteint quand on quitte la pièce, la machine à laver qui fonctionne au meilleur moment de la journée, la surveillance de la maison à distance, tout cela est possible désormais grâce à la domotique. C'est l'automatisation du logement par la programmation. La maison « intelligente » permet de gagner du temps et d'économiser l'énergie.

379 L'atmosphère

• présent
de l'indicatif

• conditionnel
présent

L'atmosphère est l'enveloppe gazeuse qui entoure et protège notre planète. Il n'y a pas de frontière précise entre elle et l'espace. Elle devient de plus en plus fine et s'évanouit peu à peu. Sans atmosphère, la Terre serait soumise aux extrêmes de température que connaît la Lune ; il n'y aurait aucun phénomène météorologique et aucune trace de vie.

380 L'espace, une grande aventure

En 1957, les <u>Soviétiques</u> ont lancé le premier satellite <u>artificiel</u>. Puis, en 1961, Youri Gagarine a été le premier homme à aller dans l'espace et à tourner en orbite autour de la Terre. <u>Au cours des années suivantes</u>, d'autres hommes sont partis dans l'espace. Ils <u>y</u> sont restés de plus en plus longtemps. Ils <u>ont appris</u> à sortir hors de leur cabine, à se déplacer dans le grand vide spatial. Aujourd'hui, les nouveaux défis sont l'utilisation de la station spatiale internationale et le premier vol habité vers Mars.

- passé composé
- accord du participe passé
- préposition et infinitif du verbe

QUESTIONS

1) Explique ce qu'est un *satellite artificiel*.
2) Donne la nature et la fonction des mots et expressions soulignées.
3) Conjugue le verbe *apprendre* à tous les temps de l'indicatif, à la 3ᵉ personne du pluriel.

EXPLOITATION

1957 et 1961 sont les deux premières dates importantes de l'histoire de la conquête spatiale.
1) Retrouve les autres grands moments de cette conquête entre 1961 et aujourd'hui.
2) Imagine quels seront les prochains événements marquants de l'histoire spatiale dans le siècle en cours.

381 Internet   dictée préparée p. 68

Internet est un outil qui permet de rendre les informations provenant de partout accessibles tout de suite. C'est un média « en temps réel ». C'est un système qui s'est généralisé et s'est ouvert sur le monde. Il permet également toutes sortes d'offres sur n'importe quel produit ou sujet grâce à des moteurs de recherche. Cependant, des précautions doivent être prises car des virus envoyés par mail peuvent saboter les systèmes informatiques. Des fichiers peuvent être détruits. C'est un vrai problème. Des moyens de plus en plus sophistiqués doivent être mis au point pour combattre ces piratages.

- présent de l'indicatif
- c'est/s'est
- accord du participe passé

Les sports

382 Les bienfaits de la natation

• présent
de l'indicatif

Si tu nages régulièrement, tes muscles se développent, tes os se consolident et quand tes articulations fonctionnent, le cartilage qui les enrobe se renforce. Ton cœur grossit, devient plus puissant, plus efficace et tu es de moins en moins essoufflé. En plus, tu brûles des calories et tu gardes la ligne ! Alors, les bienfaits de la natation, tu les vois tous les jours.

383 Une erreur d'orientation

• présent
de l'indicatif

• ou/où

Nous marchons depuis deux heures, mais à présent nous hésitons : le sentier se divise, or la carte ne l'indique pas. Où aller ? À droite ou à gauche ? Nous ne savons plus où nous sommes ; nous ne savons plus s'il faut continuer ou faire demi-tour. Il n'y a que deux possibilités : ou la carte est incomplète ou nous avons fait une erreur d'itinéraire. Rebrousser chemin semble plus sage ; c'est ce que nous faisons.

EXPLOITATION

1) Dessine la rose des vents.

2) Quel est l'instrument qui donne la direction du nord ?

3) Comment s'appellent les sentiers au balisage rouge et blanc qui sillonnent toute la France ?

384 La randonnée pédestre

• présent
de l'indicatif

• préposition et
infinitif du verbe

Pour pratiquer la randonnée pédestre, il faut aimer la nature, la respecter, donc la préserver. Tous les sentiers tracés pour relier les hommes entre eux et parcourus à pied permettent la découverte de paysages toujours nouveaux, souvent exceptionnels et d'un patrimoine extraordinaire de châteaux, d'abbayes, de fontaines, d'églises, de ruines qui nous parlent d'Histoire. Marcher, c'est aussi un moyen d'écouter, de sentir, de voir, donc de découvrir la vie à un autre rythme.

EXPLOITATION

Décris l'équipement complet d'un randonneur parti marcher une semaine.

385 Plongée en mer

Aujourd'hui, c'est sérieux ; l'entraînement en piscine, monotone mais rassurant, est terminé. Cette fois, nous plongeons dans l'inconnu, dans la haute mer, dans l'océan. Pierre et moi, nous nous encourageons l'un l'autre ; le moniteur nous prodigue quelques dernières recommandations.
« Ça y est, c'est à nous. » Les eaux troublées par notre arrivée redeviennent peu à peu calmes et nous nous enfonçons quand la végétation annonce le fond. Des centaines de poissons multicolores nous observent. L'angoisse fait place à l'émerveillement.

- présent de l'indicatif
- verbes en -cer, -ger et -guer

386 Le football

Sport collectif, le football oppose deux équipes de onze joueurs qui tapent dans un ballon, avec le pied ou la tête, pour le faire entrer dans le but adverse. Il est interdit de toucher le ballon avec la main ou le bras, sauf pour les remises en jeu. Seul le gardien peut, à tout moment, déroger à cette règle.

T. HAMMOND, trad. I. DORÉE, *Des sports et des jeux*, © Éditions Gallimard.

- présent de l'indicatif
- préposition et infinitif du verbe

387 Quatre cents mètres aux Jeux olympiques

Les spectateurs se lèvent. Plus que vingt mètres, plus que dix mètres… Oui, plus de doute, mes jambes commencent à s'alourdir, mais qu'importe… Je sens mon cœur cogner et s'affoler dans ma poitrine, non pas de fatigue, mais sous le coup de l'émotion, devant l'arrivée, la victoire si proche. J'ai besoin de respirer. J'ouvre la bouche toute grande, car ce que j'aspire, ce n'est pas seulement l'air qui va emplir mes poumons, c'est le stade entier qui me paraît devoir s'engouffrer en moi.

- présent de l'indicatif
- ce/se – c'/s'

EXPLOITATION

Peux-tu donner le nom de sept distances olympiques en course à pied ?

388 Le skieur plane

• présent
de l'indicatif

Le sauteur plane toujours, les bras servant de balancier, les jambes immobiles, la gauche un peu en avant, comme si le vent le portait. On croit qu'il va descendre, mais il avance toujours. Puis, brusquement, sa trajectoire s'infléchit avec une précision éblouissante. Il pointe un peu le talon vers le sol et prend contact d'un pied, puis il plie les jarrets, et son second ski fait un bruit mat en se posant franchement sur la neige.

R. Roussel, *La vallée sans printemps*, Éditions Mon village.

389 Le surf

• présent
et imparfait
de l'indicatif
• passé simple
• ce/se

Au XIIe siècle, les pêcheurs des îles Hawaï inventèrent le surf sur des troncs d'arbres. Debout sur leur morceau de bois, ils affrontaient des vagues énormes, monstrueuses. Ils connaissaient déjà le plaisir de la glisse. C'est en 1920 que ce nouveau sport débarque en Californie et se propage très rapidement pour devenir une véritable passion. Ses adeptes se jouent des vagues de l'océan, décollent à leur sommet et tentent les figures aériennes les plus folles.

390 L'exploit

• imparfait
de l'indicatif
• passé simple
• plus-que-parfait

L'homme filait sur la neige, comme une hirondelle aplatie par l'orage. Vêtu d'une combinaison moulante, presque accroupi, il glissait, les jambes serrées, se penchait à droite, à gauche. Personne n'avait jamais passé « le talus du diable » à cette allure. Soudain, la foule se fit plus silencieuse, puis ce fut un murmure d'admiration. Sur la crête du talus, le skieur, loin de ralentir, avait donné un grand coup de reins et avait atterri très loin en contrebas. Il était passé !

QUESTIONS

1) Explique : *loin de ralentir*.

2) Donne un synonyme de : *allure ; crête*.

Fais deux phrases avec le mot *allure* utilisé dans deux sens différents.

3) Donne la nature et la fonction des mots soulignés.

4) *Soudain [...] admiration*. Conjugue cette phrase au présent, puis au futur simple de l'indicatif.

391 Les planches à voile

Ce matin, sur la côte, le vent s'est levé, ce qui fait le bonheur des amateurs de planche à voile. À quelques mètres du rivage, de nombreuses voiles multicolores filent <u>à toute vitesse</u>, paraissant hésiter entre le ciel et l'eau. Parfois, dans un jaillissement d'écume, un véliplanchiste réussit une superbe <u>figure</u>. La mer semble alors se transformer en un immense théâtre et, sur la plage, <u>pour assister à ce fantastique ballet</u>, se pressent des <u>vacanciers</u> admiratifs.

• présent de l'indicatif

• se/ce

QUESTIONS

1) Pourquoi la mer est-elle comparée à un théâtre ?
2) Le nom *amateur* peut avoir plusieurs sens. Lesquels ?
3) Trouve trois compléments du nom.
4) Donne la nature et la fonction des mots ou expressions soulignés.
5) Conjugue le verbe *faire* au présent de l'indicatif.

392 Le joueur de tennis de table

Le tennis de table est un <u>sport</u> qui demande à ceux qui <u>le</u> pratiquent des <u>qualités</u> telles que la dextérité, la concentration et la faculté d'anticipation. Durant les échanges, le joueur toujours en mouvement doit être capable de parer les coups de son <u>adversaire</u> en surveillant la trajectoire de la balle lancée à plus de 110 km/h, se remettre en position et contre-attaquer en donnant à la petite <u>sphère</u> blanche des effets surprenants. Le joueur doit donc être capable de voir sans regarder !

• présent de l'indicatif

• préposition et infinitif du verbe

QUESTIONS

1) Explique : *la dextérité ; la faculté d'anticipation*.
2) Quelles sont les qualités du pongiste citées dans le premier paragraphe ?
3) Donne la nature et la fonction des mots soulignés.
4) Conjugue le verbe *falloir* au présent, à l'imparfait et au futur simple de l'indicatif.
5) Conjugue le verbe *devoir* au présent de l'indicatif.

393 Un sport étonnant

- présent de l'indicatif
- c'est/s'est

L'ultimate est un sport qui se pratique avec un disque ; c'est le frisbee de compétition.

Les matches se déroulent en salle ou sur gazon ; les équipes peuvent être mixtes. Cette activité allie l'effort physique, la rapidité, la résistance, la réflexion tactique et l'esprit d'équipe. Le respect est la base de l'ultimate, car un principe essentiel en fait un sport original, c'est l'auto-arbitrage. En effet, les joueurs appliquent eux-mêmes les règles. À la fin de chaque match, les deux équipes discutent de la façon dont il s'est déroulé.

Ce sport s'est imposé dans les écoles et de plus en plus de jeunes le pratiquent dans des clubs.

394 L'origine du biathlon

- présent et imparfait de l'indicatif
- participe passé en é ou infinitif en er

En Norvège, des peintures rupestres datant de 5 000 ans ont été retrouvées démontrant que les hommes pratiquaient déjà la chasse au gibier, en <u>hiver</u>, au moyen de planches de bois pour se déplacer sur la neige. Ces chasseurs organisaient même des <u>compétitions</u> pour désigner les meilleurs d'entre eux. Plus tard, dans toute l'Europe du Nord, des écrits composés de sagas et de légendes évoquent l'utilisation combinée de skis et d'armes pour se défendre, mais aussi pour se distraire.

Les pratiques <u>ancestrales</u> du biathlon avaient donc <u>des</u> raisons multiples.

QUESTIONS

1) Explique : *des raisons multiples*.
2) Donne un synonyme du mot *évoquer*.
3) Donne la nature et la fonction des mots et expressions soulignés.
4) Trouve, dans le texte, deux propositions indépendantes.
5) Récris la dernière phrase au futur simple, au passé composé et au passé simple.

EXPLOITATION

Donne le nom de plusieurs disciplines sportives se déroulant sur la neige.

395 Le champion

Mario était le plus rapide à la course, mais c'était là sa seule qualité. Tout le temps où il eut besoin d'affirmer cette supériorité, <u>son</u> prestige fut grand, mais lorsqu'il fut bien entendu, une fois pour toutes, qu'il était le plus <u>véloce</u> d'entre nous, <u>cette</u> supériorité ne se discuta plus et ce qui avait été prestige devint chose <u>banale</u> et établie. Alors Mario s'ennuya et la mélancolie mit des <u>couleurs</u> grises dans ses yeux.

- imparfait de l'indicatif
- passé simple

J. Cau, *Les enfants*, © Éditions Gallimard.

QUESTIONS

1) Explique : *son prestige ; la mélancolie.*

2) Donne la nature et la fonction des propositions de la dernière phrase.

3) Donne la nature, le genre, le nombre et la fonction des mots soulignés.

4) Conjugue le verbe *discuter* au passé simple.

396 Entraîneur sportif
dictée préparée p. 69

L'entraîneur sportif exerce un métier difficile. Il est lui-même un sportif de haut niveau et a pratiqué une discipline sportive assidûment durant plusieurs années. Il est chargé d'amener une équipe (ou un athlète) à son meilleur niveau et de préparer les compétitions. Il doit constamment veiller au travail des athlètes, les corriger, les motiver, les encourager… On le tient donc responsable des échecs ou de la réussite des personnes dont il s'occupe.

- présent de l'indicatif
- dont/donc
- participe passé en *é* ou infinitif en *er*

397 Un bel essai

Poursuivi par deux adversaires, le joueur anglais avait déboulé le long de la ligne de touche et, dans un ultime coup de reins, avait plongé dans l'en-but. Il disparut presque aussitôt sous une marée humaine venue le féliciter. Quand il réapparut enfin, il était méconnaissable, entièrement recouvert de boue : son short et son maillot blancs étaient maintenant marron foncé et ses yeux bleus illuminaient un masque terreux. Même les Irlandais, pourtant dépités, ne pouvaient s'empêcher de sourire.

- imparfait de l'indicatif
- passé simple
- plus-que-parfait
- accord des adjectifs qualificatifs

Jeux — Loisirs — Spectacles

398 La passion de la lecture

• présent
de l'indicatif

• accord
des adjectifs
qualificatifs

Je dévore l'un après l'autre les beaux volumes de la bibliothèque. Ils racontent les aventures captivantes de personnages imaginaires ou réels et, peu à peu, les caractères et les illustrations du livre semblent s'animer. Je suis tour à tour chasseur de grands fauves ou agent secret, Indien d'Amérique ou prince d'une cité oubliée. Bien installé sur mon lit, je voyage au bout du monde et, quand je dois refermer le roman, c'est à chaque fois avec un peu de tristesse que je quitte cet univers magique.

EXPLOITATION

Explique ce que l'on trouve dans : un roman ; un conte ; un livre documentaire ; une encyclopédie.

399 Pliages chinois   dictée préparée p. 70

• présent
de l'indicatif

• verbe
ou nom ?

La semaine dernière, Quentin a visité une <u>exposition</u> originale. L'artiste y présentait des constructions de papier réalisées uniquement par pliages. À son tour, s'aidant d'un manuel, Quentin essaie de maîtriser cette <u>technique</u>. Il plie, assemble, travaille avec <u>ardeur</u>. De petits animaux naissent d'une feuille de <u>papier</u>, de curieuses machines semblent vouloir s'animer. Le garçon contemple enfin son travail et s'estime satisfait. Hormis quelques plis malencontreux, c'est plutôt réussi… pour un premier essai !

QUESTIONS

1) Explique : *une exposition originale ; quelques plis malencontreux.*
2) Trouve le radical du mot *pliage*. Donne trois mots de la même famille.
3) Donne la nature et la fonction des mots soulignés.
4) *Il plie, assemble, travaille avec ardeur.* Conjugue cette phrase au passé composé, puis au futur simple.

EXPLOITATION

À ton tour, par pliages d'une feuille de papier, essaie de réaliser des constructions simples : avion, bateau…

400 Visite au zoo

« Demain, dit grand-père, je vous emmènerai au zoo. Vous pourrez y admirer des animaux de pays lointains : des girafes, des lions, des ours blancs, des chameaux et même, à l'entrée, un panda. Nous achèterons un peu de nourriture que vous jetterez aux singes. Vous verrez que ceux-là sont vraiment des clowns ! Ils crieront, se chamailleront. Vous les appellerez et ils feront mille pitreries pour une simple friandise. Je pense que vous apprécierez cette visite. »

- futur simple de l'indicatif
- pluriel des noms
- verbes en -eler et -eter

401 Au cirque

dictée préparée p. 71

Les forains montent le chapiteau et installent les gradins. Bientôt, ce sera l'heure de la représentation. Nous nous y rendrons pour admirer les numéros des trapézistes, des funambules et des dompteurs. Mais surtout ceux que nous attendrons avec impatience, ce sont les clowns aux yeux pétillants de malice. Leurs pitreries, leurs acrobaties nous font rire et nous enchantent.

- présent de l'indicatif
- futur simple
- ce/ceux

EXPLOITATION

Dessine le chapiteau et l'entrée d'un cirque que tu aimerais voir.

402 À la piscine

Ce matin, Simon et son jeune frère sont allés à la piscine. Simon est un bon nageur : son frère l'appelle « le dauphin » ! Son grand plaisir est de traverser le bassin en nageant sous l'eau. Pendant la matinée, ils ont loué une grosse bouée, puis Adrien a voulu apprendre à plonger. Que d'essais malheureux ! Dans toute la piscine, on entendait les rires et les cris de Simon. Mais le courage d'Adrien a été récompensé : il a enfin réussi un superbe plongeon !

- passé composé
- participe passé en é ou infinitif en er
- et/est
- son/sont
- a/à

403 Les clowns

Les clowns sont des personnages que l'on aime retrouver au cirque. Leur visage disparaît sous le maquillage et ils sont vêtus de façon fantaisiste. Des deux sortes de clowns rencontrés, les enfants préfèrent souvent l'auguste. Il a un nez rouge, son maquillage utilise le noir, le rouge et le blanc. Il est très impertinent et fait des bêtises qui amusent le jeune public. Le clown blanc, lui, est plus sérieux et autoritaire. Il porte le masque lunaire de Pierrot et son rôle est de rappeler à l'ordre l'auguste.

- présent de l'indicatif
- son/sont

404 Un concert

• passé composé
• accord du participe passé

La semaine dernière, Marine est allée assister à un concert. Durant la première partie du spectacle, une jeune artiste est venue interpréter ses nouvelles chansons. Un peu plus tard, le groupe tant attendu est monté sur scène. Un tonnerre d'applaudissements a retenti, la foule s'est levée… Alors la musique a inondé la salle pendant près de deux heures. Quand Marine est sortie, elle ne désirait plus qu'une chose : devenir musicienne !

QUESTIONS

Comment s'appelle un ensemble : de trois musiciens ? de quatre musiciens ? de cinq musiciens ?

405 Le cinéma

• passé composé
• accord du participe passé

Depuis 1895, date de l'invention du cinématographe par les frères Lumière, le 7e art a beaucoup évolué. Au fil des décennies, de nombreux <u>changements</u> ont été apportés dans les techniques de <u>tournage</u>, mais également dans celles de projection : cinéma muet, cinéma sonore puis parlant, images en noir et blanc, en technicolor, en relief, projection sur écran <u>plat</u>, circulaire ou hémisphérique. Le spectateur, lui, est resté le même. La magie <u>des</u> images exerce toujours sur lui la même <u>fascination</u>.

QUESTIONS

1) Explique : *au fil des décennies ; la magie des images.*
2) Donne le radical du mot *circulaire*. Donne deux mots de la même famille.
3) Donne la nature et la fonction des mots soulignés.
4) Conjugue le verbe *rester* et le verbe *exercer* aux trois personnes du pluriel du passé composé.

406 Spectacle au delphinarium

• imparfait de l'indicatif
• passé simple
• leur/leurs

Sur l'ordre de leur dresseur, les deux dauphins saluèrent les spectateurs et furent applaudis. Je n'en croyais pas mes yeux : ils allaient et venaient, sautaient et retombaient avec une synchronisation parfaite. Ils sortaient la tête de l'eau et avançaient en position verticale en donnant l'impression de s'amuser follement. Leurs sifflements emplissaient l'espace. Après chaque figure, ils réclamaient une récompense que leur maître leur lançait. Quel fantastique ballet aquatique !

407 Une exposition originale

Nous sommes venus voir une exposition sur les graffitis. Des graffeurs très célèbres ont réalisé des pièces pour cette occasion. Nous découvrons l'histoire de ce dessin qui, au départ, n'était qu'une simple signature, un tag, et qui a très vite évolué. Les documentaires et les témoignages nous expliquent que si New York a été la ville du graffiti, celui-ci a voyagé et s'est mélangé aux goûts des gens. Certains de ces peintres sont de vrais artistes !

- présent de l'indicatif
- passé composé

EXPLOITATION

À ton avis, quelles sont les qualités d'un graffeur ?

408 Le magicien

Il prit un journal, le déchira lentement et savamment dans tous les sens. Cela faisait de multiples bandelettes de papier. Après un instant d'arrêt afin que nous puissions tous voir qu'il n'y avait aucun trucage, il chiffonna l'ensemble des morceaux. Alors, il demanda à une personne de l'assistance de se lever et de venir déplier le journal qui, à notre stupéfaction, était intact.

- imparfait de l'indicatif
- passé simple

QUESTIONS

1) Explique : *savamment ; stupéfaction*. Emploie ces deux mots dans une phrase.
2) Donne deux mots de la famille de *magicien*.
3) Donne la nature et la fonction des mots soulignés.
4) Conjugue la première phrase de la dictée en remplaçant *il* par la 2e personne du singulier, puis par la 2e personne du pluriel.

409 Les fils de l'émir

Un émir mourant fait venir auprès de lui ses deux fils. Il leur dit : « Vous voyez, à l'horizon, le minaret derrière l'oasis ? Celui d'entre vous dont le cheval arrivera en dernier au pied de ce minaret héritera de mon immense fortune. » Les deux fils se précipitent à l'écurie et partent au triple galop en direction du minaret. Pourquoi se pressent-ils ainsi ?

- présent de l'indicatif
- futur simple

P. BRUNEL, *Énigmes et jeux de logique à résoudre en famille ou entre amis*, Prat Éditions.

410　Le carnaval

- présent de l'indicatif
- c'est/s'est

La nuit est tombée et l'animation s'est concentrée dans la principale avenue de la ville. Là, c'est un spectacle grandiose. C'est un serpent humain qui s'est mis à ondoyer dans la moiteur tropicale ; des milliers de personnages s'appellent, se répondent ; des fanfares habillent la nuit de leurs rythmes endiablés ; toutes les couleurs du monde se mêlent et se démêlent ; c'est un gigantesque cri de liberté, une façon d'oublier la misère quotidienne.

EXPLOITATION

Quelle est la ville la plus célèbre pour son carnaval ? Dans quel pays se trouve-t-elle ?

411　En scène !

- imparfait de l'indicatif
- passé simple
- noms terminés par *-eil*, *-ail* et *-euil*

C'était le grand soir… J'allais entrer en scène et j'avais un trac énorme. Je ne me sentais pas de taille à affronter le public. Quel accueil allait-il me réserver ? Mes jambes tremblaient, mes oreilles bourdonnaient, j'avais froid et, tout à coup, très chaud. Derrière le rideau, je distinguais les fauteuils des spectateurs et je me maudissais. Je regardais les feuilles de mon texte sans les voir. C'était sûr, j'allais m'enfuir… Pourtant, un détail attira mon regard : toute ma petite famille était là. Alors, dans un sursaut d'orgueil, je me décidai à surmonter mon angoisse.

EXPLOITATION

Quelles sont, à ton avis, les qualités dont doit faire preuve un artiste de théâtre ?

Écologie et phénomènes naturels

412 Nos déchets

Avec l'évolution de nos modes de vie, <u>nous</u> accumulons toutes sortes de produits et d'emballages. Le tri et le recyclage sont des solutions efficaces et indispensables pour traiter tous ces volumes. Ils permettent d'économiser l'<u>énergie</u> et les ressources de la Terre. C'est à nous de respecter les consignes de tri pour le métal, le plastique, le verre, de traiter les déchets <u>organiques</u> en faisant un compost, d'apporter les textiles, les médicaments, les produits toxiques ou encombrants dans les <u>points</u> de collecte. Mais avant de penser à valoriser <u>nos</u> déchets, ne faudrait-il pas s'efforcer d'en produire moins ?

* présent de l'indicatif
* mots commençant par *ap, ac, af, ef* et *of*
* préposition et infinitif du verbe

Éco Junior, n° 25, septembre-octobre 2009.

QUESTIONS

1) Donne un synonyme de *indispensable*.
2) Relève deux compléments du nom.
3) À quel temps et à quel mode est conjugué le verbe de la dernière phrase ? Peux-tu expliquer pourquoi ?
4) Donne la nature et la fonction des mots soulignés.

413 Notre planète en danger

De temps à autre, sur notre Terre, se produisent des catastrophes naturelles, comme les tremblements de terre, qui provoquent la mort de plusieurs milliers de personnes. Mais il existe également des catastrophes dues exclusivement à l'homme, telles que les marées noires. Quand un gigantesque navire pétrolier fait naufrage, une immense nappe brune se répand sur l'océan. Alors, par milliers, les poissons meurent, les oiseaux marins s'engluent dans le mazout, les plantes aquatiques disparaissent, les rochers et les plages prennent une teinte chocolat. Des années sont nécessaires pour que le paysage soit nettoyé, pour que la faune et la flore anéanties revivent comme avant.

* présent de l'indicatif
* accord des adjectifs qualificatifs

EXPLOITATION

Peux-tu citer d'autres exemples de dommages que l'homme fait subir à la planète ?

414 La pollution

dictée préparée p. 72

- imparfait de l'indicatif
- accord du participe passé
- tout/tous

La rivière semblait morte. Ses eaux, habituellement transparentes, charriaient encore de nombreuses nappes du produit toxique. Tous les poissons empoisonnés qui flottaient le ventre en l'air avaient été recueillis dans de grands filets. Sur l'eau, comme sur les berges, tout était désolation. L'usine responsable du désastre avait annoncé sa volonté de réparer le préjudice causé, mais tout le monde savait qu'il faudrait beaucoup de temps avant que la nature meurtrie ne reprenne ses droits.

EXPLOITATION

Indique deux causes à la pollution des rivières.

415 Une équipe de choc

- présent de l'indicatif
- pluriel des noms

Dans la nature, des milliards de bestioles minuscules et d'organismes invisibles comme les bactéries transforment les déchets présents dans le sol en aliments indispensables à la végétation : ce sont les décomposeurs. Ils vivent cachés sous la couche superficielle qui recouvre le sol. Ils s'activent pour fabriquer l'humus à partir des feuilles mortes, des débris de plantes, des bois morts, des fruits, des bourgeons, des cadavres d'animaux…

Éco Junior, n° 25, septembre-octobre 2009.

EXPLOITATION

Recherche ce que les hommes font de leur côté pour combattre l'accumulation des déchets domestiques.

416 Le réchauffement de la planète

- présent de l'indicatif
- futur simple
- et/est

La lumière du Soleil réchauffe la Terre. Les gaz, comme le gaz carbonique ou le méthane, forment comme un couvercle autour de la planète. Ils empêchent donc la Terre de renvoyer une partie de cette chaleur vers l'espace. Le danger est réel car si la température s'élève de 3 °C, les scientifiques pensent que 30 % des espèces végétales et animales disparaîtront, la chaleur et la sécheresse s'intensifieront, le niveau des océans s'élèvera et augmentera le nombre d'inondations.

Mon Quotidien, n°3929, spécial Copenhague, 7 décembre 2009.

417 Au bord du cratère

dictée préparée p. 73

Les trois vulcanologues observent avec émotion le gouffre fumant à leurs pieds. Ils entament la descente et, au bout d'une heure d'efforts, ils se retrouvent sur une plate-forme où ils installent leur camp. Plus bas, le spectacle est grandiose : un lac de lave à la surface élastique se lève, s'abaisse et parfois se déchire. L'atmosphère est chargée de gaz et la chaleur suffocante les oblige à reculer. Il leur faut respirer de l'air moins asphyxiant. Le sol vibre sous leurs pieds et leur interdit d'accéder au bord de l'abîme. Ils devront attendre une accalmie.

- présent de l'indicatif
- leur/leurs

418 Les risques volcaniques

Des millions de personnes dans le monde sont exposées aux dangers créés par les éruptions volcaniques et habitent même parfois sur les pentes des volcans. Pourquoi prendre un tel risque quand le danger est si grand ? La principale raison en est que les sols volcaniques sont extrêmement fertiles et attirent depuis longtemps les populations. Malgré les progrès de la prévention grâce aux mesures scientifiques, les volcans continuent donc de faire de nombreuses victimes.

- présent de l'indicatif
- et/est

419 L'inondation

La rivière est en crue. L'eau passe par-dessus la digue et les berges sont submergées. Les riverains, qui pataugent dans une eau boueuse, s'inquiètent sérieusement. Ils ont surélevé leurs meubles. Encore une fois, ils devront drainer leur jardin et réparer les nombreux dégâts. Les pompiers, qui ont fait de multiples sorties dans leurs barques et leurs canots pneumatiques, aspirent à un peu de repos. Heureusement, la météo a annoncé une décrue prochaine.

- présent de l'indicatif
- leur/leurs
- accord du verbe : sujet *qui*

420 Le feu

• présent
de l'indicatif

• et/est

Un feu de forêt est un incendie qui touche un massif boisé. Il peut être d'origine naturelle ; il est alors causé par la foudre ou par une éruption volcanique. Il peut être également le fait de l'Homme. Celui-ci allume volontairement un feu par souci écologique dans le but de préserver une zone et le contrôle. Mais les incendies sont souvent dus à des imprudences ou à des actes de malveillance. Un incendie de forêt pollue l'air, l'eau et parfois le sol et tue de nombreux animaux non-volants ou incapables de fuir.

421 Les séismes

• présent
de l'indicatif

• passé simple

• accord du
participe passé

La magnitude d'un tremblement de terre mesure l'énergie libérée lors d'un séisme sur une échelle graduée de 1 à 9. Elle fut élaborée par Charles Richter. L'intensité est la mesure des dommages causés par un tremblement de terre. Les séismes qui atteignent la magnitude 9 sont exceptionnels et le plus puissant jamais mesuré, de magnitude 9,5 eut lieu au Chili en 1960.

422 Une éruption

• imparfait
de l'indicatif

• passé simple

Les scientifiques ne s'étaient pas trompés ; il fallait évacuer l'île ; le volcan se réveillait.

Quand l'éruption commença, ce fut un sauve-qui-peut général. Chacun pensait surtout à sauver sa vie. Déjà, le volcan crachait sa lave meurtrière qui dévastait tout sur son passage. Le sol tremblait et s'affaissait sous nos pieds. Il fallait gagner le port à tout prix.

EXPLOITATION

1) Cite le nom de deux volcans européens.

2) Quel est, en France, le plus haut volcan (heureusement éteint) ?

3) Dans les départements d'outre-mer, trouve deux volcans actifs.

L'histoire

423 Le Saint-Graal

Dans la salle haute du donjon, les chevaliers reprennent leur place autour de la Table ronde et se préparent pour un banquet. Ils sont tous assis lorsque, déchirant le silence, faisant trembler les murailles, un coup de tonnerre énorme éclate. Aussitôt une lueur éblouissante inonde la salle, illumine chacun d'une clarté surnaturelle. Les chevaliers restent silencieux, incapables de prononcer une parole. Alors apparaît le Saint-Graal, un vase recouvert d'une étoffe de soie blanche, porté par une main invisible.

A. Dag'Naud, *La quête du Graal*, Le bibliobus n° 18, Hachette Éducation.

- présent de l'indicatif
- accord des adjectifs qualificatifs

424 La révolution du feu

Grâce au feu domestiqué, l'homme a pu survivre pendant le rigoureux climat de la dernière glaciation où apparaissent toundra et taïga. Les hommes peu à peu se regroupent en tribus. Ils se répartissent les tâches (chasse, pêche, cueillette, entretien du feu). Autour de ce feu, ils se réchauffent, font rôtir leur viande, sont à l'abri des bêtes sauvages.

- présent de l'indicatif
- ce/se

425 Les premières récoltes

Près de 8 000 ans avant J.-C., pour la première fois, les peuples du Proche-Orient ont produit leur nourriture. Au lieu de consommer simplement les graines des céréales sauvages, ils ont commencé à les conserver pour les planter l'année suivante. Ils ont constaté qu'une plus petite partie du territoire leur suffisait pour nourrir une population plus importante. Ils ont alors appris à s'établir d'une manière permanente pour s'occuper de leurs récoltes et surveiller la moisson.

- passé composé
- participe passé en *é* ou infinitif en *er*
- leur/leurs

426 Les Vikings

En novembre 885, Paris ne couvre encore que l'île de la Cité. La ville est fortifiée. Les Danois sont là ; ils ont dévasté Rouen durant l'été. Deux cents chevaliers et leurs hommes d'armes gardent les remparts de la ville. Trente mille Danois et leurs sept cents bateaux leur font face. Dès le premier soir, la ville flambe. Les Danois s'acharnent pendant des semaines, mais la ville leur résiste héroïquement. Le siège va durer une année…

- présent de l'indicatif
- leur/leurs

427 Le tournant du xvᵉ siècle

Au xvᵉ siècle, la boussole et le gouvernail sont inventés. De grands navigateurs partent alors sur les océans. Leurs expéditions ramènent en Europe de l'or, de l'argent, des épices et des produits nouveaux comme le tabac, le maïs ou le cacao. Dans le même temps, on multiplie les livres grâce aux progrès de l'imprimerie. Mais cette époque marque aussi l'évolution des techniques de la guerre avec l'utilisation de la poudre à canon et l'invention des armes à feu.

428 Léonard de Vinci   dictée préparée p. 73

Léonard de Vinci fut un savant prodigieux. Les dessins tirés de ses carnets sont les témoins de son extraordinaire don d'observateur et de son esprit inventif. Il travailla dans des domaines aussi différents que l'anatomie, la mécanique, la géologie, la cartographie. Le sous-marin, les machines à voler qu'il dessina sont les résultats d'études et d'observations des poissons et des oiseaux. Mais son chef-d'œuvre reste *la Joconde*, tableau connu dans le monde entier.

EXPLOITATION

1) Retrouve la nationalité de ce personnage ainsi que ses dates de naissance et de mort.
2) Cherche le nom d'autres savants et artistes de cette époque.

429 Un échange avantageux   dictée préparée p. 74

Des commerçants montaient jusqu'aux frontières du pays des bois. Attirés par les fourrures, ils concluaient de petits marchés avec les Peaux-Rouges. Leurs vêtements sombres paraissaient bien tristes face aux tuniques jaunes, rouges ou vertes des Indiens, à leur peau cuivrée, à leurs cheveux noirs. Les transactions se faisaient en silence, chacun posant sa marchandise devant lui. D'un côté, de superbes peaux de bêtes, de l'autre, des petits objets de métal, des colliers dorés, quelques armes à feu, des ustensiles de cuisine…

430 Les châteaux forts dictée préparée p. 75

Au Moyen Âge, dans toute l'Europe, s'élevaient des <u>châteaux forts</u>. Ils représentaient la puissance des seigneurs. À cette <u>époque</u> de guerres et de pillages, le château aux <u>épaisses</u> murailles de pierre était le seul refuge des malheureux paysans. Le plus souvent, il dominait les <u>alentours</u> et défiait aussi bien le temps que les nombreux périls. Ces chefs-d'œuvre étaient la fierté de leurs bâtisseurs. Pourtant, dans les vastes pièces sombres et froides, que la vie devait être triste !

• imparfait de l'indicatif

• pluriel des noms : difficultés

• accord du verbe : sujet inversé

QUESTIONS

1) Explique : *pillages ; il dominait les alentours.*
2) Donne deux exemples de chefs-d'œuvre que tu connais.
3) Donne la nature et la fonction des mots soulignés.
4) Mets l'avant-dernière phrase au passé simple et au passé composé.

431 Au XVIIᵉ siècle

Sous Louis XV, la société connaît une certaine hausse de son niveau de vie. On compte 500 établissements d'instruction élémentaire à Paris. À la fin du XVIIIᵉ siècle, 47 % des Français et 27 % des Françaises savent lire et écrire. Chez les riches bourgeois, des meubles superbes apparaissent et se multiplient, et dans les foyers modestes on trouve des armoires et parfois des commodes. La haute société recherche le confort, se fait construire des salles de bains. Mais certaines provinces restent à l'écart de cette croissance.

• présent de l'indicatif

• accord des adjectifs qualificatifs

432 La route de la soie dictée préparée p. 76

Quelle joie d'arriver à l'étape ! Vite, on débâte les bêtes qui ont soif et faim. On les lâche pour qu'elles puissent aller boire et paître à satiété. On se restaure, puis on va sur le marché : là, on échange, on vend, on achète, on discute, on s'amuse, on observe… Le lendemain, ballots refaits, bêtes rechargées, vers quelles contrées se dirige-t-on ? Les solitudes glacées des cimes enneigées ou les vents brûlants du désert.

• présent de l'indicatif

• on/ont

• quelle(s)/ qu'elle(s)

433 Les paysans du Nil

- imparfait
de l'indicatif

- participe passé
en *é* ou infinitif
en *er*

La décrue avait commencé. Les paysans tentaient cependant de retarder le retrait des eaux pour conserver la boue noire qui humidifiait et fertilisait le sol. Ils fermaient les vannes des canaux, consolidaient les digues. Les rives s'étant effondrées, les terres ayant été balayées et toutes les bornes emportées, des tendeurs de corde et des scribes mesuraient les champs afin de déterminer les limites des propriétés de chacun.

A. Surget, *Le maître des deux terres*, Castor Poche – Flammarion.

EXPLOITATION

L'action de la dictée se déroule 3 000 ans avant notre ère. Dans quel pays ? Par quels personnages était-il dirigé à cette époque ?

434 La naissance du jeu d'échecs

- passé simple

- participe passé
en *é* ou infinitif
en *er*

- on/on n'/ont

La légende raconte que les échecs ont été inventés par un simple chamelier qui offrit ce jeu à un roi. Quand le roi lui proposa une récompense, le chamelier répondit : « Pose deux grains de blé sur la première case blanche, quatre sur la seconde, seize sur la troisième et continue ainsi. » Le cadeau semblant bien modeste, le roi s'empressa d'accepter. Et pourtant… Arrivé à la dernière case, on n'avait plus assez de blé dans le royaume pour respecter la parole donnée !

QUESTIONS

1) Explique ce qu'est un *chamelier*.
2) Donne un synonyme de *s'empresser*.
3) Donne la nature et la fonction des mots soulignés.
4) Conjugue le verbe *s'empresser* au présent de l'impératif.
5) Conjugue le verbe *offrir* au présent, à l'imparfait de l'indicatif et au passé composé.

EXPLOITATION

1) Calcule le nombre de grains posés sur la sixième case du jeu d'échecs.
2) Comment, en mathématiques, appelle-t-on chacun de ces nombres, par rapport au nombre précédent ?
3) Comment appelle-t-on les différentes pièces du jeu d'échecs ?

Voyages — Transports — Pays

435 Froids ou chauds, mais tous déserts !

Les déserts s'étendent là où il tombe moins de 25 cm de
pluie par an. La plupart, comme le Sahara, sont brûlants,
et évoquent des paysages de dunes mais d'autres sont froids
et offrent des visages très différents. Certains présentent des
environnements rocheux, d'autres s'étendent sur de hauts
plateaux ou abritent les lits de grands lacs salés. On y rencontre
parfois des écarts thermiques spectaculaires, comme le désert
de Gobi où il peut faire + 35 °C le jour et − 35 °C la nuit.

- présent de l'indicatif
- accord des adjectifs qualificatifs

436 La découverte du Canada

Des côtes rocheuses, déchiquetées comme des châteaux en ruine,
des îles brumeuses, un paysage mystérieux, sans végétation,
désolé ; qu'il est étrange ce Nouveau Monde que longent à
présent les navigateurs ! Heureusement, peu après, le passage
s'élargit et les bateaux pénètrent dans un vaste golfe semé d'îles
plus riantes et plus hospitalières. L'équipage est soulagé et ravi
de mettre pied à terre. Ici, il pousse du blé sauvage, de la vigne,
des fraises odorantes et des groseilles charnues.

- présent de l'indicatif
- accord des adjectifs qualificatifs
- accord du verbe : sujet inversé

437 Les Amériques

Du détroit de Béring au détroit de Magellan, ce continent
démesuré s'étire comme une barrière entre les deux mers les
plus vastes du globe. Tout y est gigantesque et la diversité des
paysages est exceptionnelle : dans le Grand Nord, la toundra,
dans l'Ouest américain, les plaines fertiles des Indiens, au
sud, la Cordillère des Andes avec ses sommets très élevés et
ses vallées ouvertes, plus bas, les terres froides de Patagonie
et enfin la sévérité de la Terre de Feu chargée de glaciers. Ce
continent est une source inépuisable de beautés naturelles.

- présent de l'indicatif
- noms terminés par -ée, -té et -tié

438 En avion

C'est la première fois que Nicolas prend l'avion. Hier soir, la
veille du départ, il a eu beaucoup de mal à trouver le sommeil.
Mais l'accueil souriant des hôtesses l'a rassuré. Maintenant,
l'appareil roule sur la piste d'envol, et décolle. Nicolas,
attaché à son fauteuil, a tous les sens en éveil. Aucun détail ne
lui échappe. Il est très impressionné. Puis, on lui apporte une
petite bouteille d'eau ; il se détend enfin…

- présent de l'indicatif
- noms terminés par -eil, -ail et -euil
- a/à

439 Les paysages de France

- présent de l'indicatif
- accord des adjectifs qualificatifs

La France est un pays qui offre une extraordinaire variété de paysages : des montagnes jeunes aux sommets élevés et aux vallées profondes, des massifs anciens aux sommets arrondis, des régions de collines, de vastes plaines très cultivées. La diversité des climats favorise de nombreuses formes de végétation. Enfin, du simple village à la grande métropole régionale, les Français habitent des localités bien différentes les unes des autres. Du nord au sud, et d'ouest en est, que de contrastes pour le touriste !

EXPLOITATION

Donne un exemple pour chaque type de paysage cité.

440 Visiter les fjords de Norvège

- présent de l'indicatif
- participe passé en é ou infinitif en er
- ces/ses/ c'est/s'est

La Norvège est un pays d'eau autant que de terre : ses lacs sont innombrables et le continent s'est parfois ouvert sur plus de cent kilomètres. Chaque fjord possède ses particularités, mais chacun d'eux est prêt à vous surprendre et à vous enchanter. Voyager dans cette région, c'est prendre le bateau comme on prend l'autobus, savourer l'espace préservé, apprécier l'hospitalité des habitants et, durant l'été, profiter du jour qui s'étire. Pour les pêcheurs et les trappeurs c'est un paradis !

EXPLOITATION

1) Recherche ce qu'est un *fjord*.
2) Quels sont les autres pays qui constituent la Scandinavie ?

441 L'Australie   dictée préparée p. 74

- présent de l'indicatif
- accord des adjectifs qualificatifs
- et/est

L'Australie, c'est quatorze fois la taille de la France pour seulement un peu plus de vingt millions d'habitants. La côte est parsemée de villes modernes, mais le cœur du pays est un désert de poussière rouge. Là, quelques pistes traversent un paysage fabuleux : sol rougeâtre et buissons d'épineux sous un ciel bleu moutonné de nuages blancs. Cette immensité sauvage est aussi un monde vivant peuplé d'émeus, de kangourous, et de millions de lapins !

EXPLOITATION

1) Calcule la densité de la population australienne.
2) Cherche un document sur l'émeu. Dessine cet oiseau.
3) Connais-tu d'autres représentants de la faune australienne ?

442 **Venise**

La ville de Venise est construite dans une lagune de la mer Adriatique. Il a fallu enfoncer des pieux de bois dans le sol sablonneux pour ensuite bâtir sur ces fondations des maisons et des palais. La ville est parcourue par 177 canaux qui, dans le centre, remplacent les rues. L'unique moyen de transport est donc le bateau dont le plus célèbre, la gondole, a un fond très plat qui lui permet de s'aventurer dans très peu d'eau.

• présent de l'indicatif
• accord du verbe : sujet *qui*

EXPLOITATION

Recherche le nom de cinq autres villes de la lagune.

443 **Un peuple nomade**

Les Touaregs sont un peuple de <u>bergers</u> d'Afrique du Nord. Ils mènent une vie nomade, car ils doivent souvent se déplacer à la recherche de nouveaux pâturages. Ils vivent sous des tentes faites de peaux de chèvres tannées et cousues ensemble, et dont les piquets ne sont que des branches taillées. Ils sont habillés de <u>longues</u> tuniques qui les protègent à la fois du soleil et du vent. <u>On</u> <u>les</u> surnomme « hommes bleus », car ils portent souvent des robes bleu foncé qui déteignent sur leur peau.

• présent de l'indicatif
• accord des adjectifs qualificatifs

L. OTTENHEIMER-MAQUET, Vivre au Sahara avec les Touaregs,
© Éditions Gallimard.

QUESTIONS

1) Donne le contraire de *nomade*.
2) Donne la nature des propositions de la dernière phrase.
3) Donne la nature, le genre, le nombre et la fonction des mots soulignés.
4) Conjugue les verbes *mener* et *protéger* au présent de l'indicatif.

EXPLOITATION

Les Touaregs sont un peuple de bergers d'Afrique du Nord. Mais où vivent : les Lapons ? les Inuits ? les Pygmées ? les Massaïs ? les Papous ?

DICTÉES

444 Le Transsibérien — dictée préparée p. 78

présent de l'indicatif
noms terminés par -ée, -té et -tié
et/est

<u>Cette</u> voie ferrée relie Moscou, la capitale du pays qui se trouve dans la partie européenne de la Russie à Vladivostok, ville sur la mer du Japon, et située à proximité de la Chine et de la Corée du Nord. Cette ligne, <u>longue</u> de 9 288 km, traverse une <u>partie</u> de la Sibérie et dessert 990 gares. La durée totale du <u>voyage</u> est d'une semaine. Le décalage horaire entre la ville de départ et celle d'arrivée est de 7 heures compte tenu de l'immensité du pays ! <u>Le</u> tracé actuel de l'itinéraire date de 1916 après avoir subi des modifications au cours de l'histoire du pays.

QUESTIONS

1) Explique : *la partie européenne de la Russie.*
2) Donne un synonyme de *relier.*
3) Donne un homonyme des mots : *voie ; dessert.*
4) Donne la nature et la fonction des mots soulignés.
5) Conjugue à l'imparfait, aux trois personnes du pluriel, les verbes : *relier et subir.*

445 La construction d'un igloo — dictée préparée p. 78

passé simple
imparfait de l'indicatif

Avec le long couteau d'ivoire, le grand-père découpa d'abord une grosse masse de neige. Puis il <u>la</u> tailla pour en faire un grand bloc qu'il souleva et posa sur la neige. Il en tailla d'autres qu'il disposa <u>en cercle</u>, autour de lui. Puis il commença une seconde rangée qui montait en spirale. Akavak bouchait les interstices entre les blocs <u>avec de la neige fine</u>, remplissant tous les trous… <u>Chaque</u> bloc s'adaptait parfaitement au précédent. Une fois le dôme fini, le vieil homme ouvrit une entrée bien nette à la base du mur de neige.

J. Houston, *Akavak*, Castor Poche – Flammarion.

QUESTIONS

1) Explique : *les interstices ; le dôme.*
2) Donne la nature et la fonction des propositions de la 2e phrase.
3) Donne la nature et la fonction des mots ou expressions soulignés.
4) Donne quatre mots de la famille de *neige.*

156

446 En camion dans le désert

Le conducteur, dans le désert, est amené à rencontrer de nombreux <u>problèmes</u> liés au sable : celui-ci peut être mou, croûté, blanc, orange, rouge, fixé, d'une extrême finesse. L'apprentissage est <u>long</u> et demande <u>beaucoup de sérieux</u> et de mémoire ; la moindre erreur de conduite dans un passage difficile et le désert se montre impitoyable : il faut sortir les plaques et les pelles, et sous la chaleur écrasante, mobiliser <u>son</u> courage et ses forces pour cette fois encore gagner la bataille.

- présent de l'indicatif
- et/est

QUESTIONS

1) Explique : *sable croûté ; gagner la bataille.*
2) Donne deux mots de la famille de *sable.*
3) Donne la nature et la fonction des mots soulignés.
4) Écris la 2ᵉ phrase à l'imparfait, puis au futur simple de l'indicatif.

447 Un fameux randonneur

Robert Louis Stevenson, d'origine écossaise et auteur connu de *L'Île au Trésor*, n'avait pas tout à fait 28 ans quand il s'installa en France. Il décida en septembre 1878 de traverser les Cévennes à pied, en compagnie d'une ânesse, Modestine. Il ouvrit ainsi un des sentiers les plus connus de la randonnée pédestre. Et il ramena de son périple de douze jours un journal de route qui devait devenir un succès littéraire.
Aujourd'hui, le Chemin de Stevenson est parcouru par de nombreux randonneurs accompagnés ou non d'un âne, mais toujours heureux de marcher sur les traces de l'écrivain.

- passé simple

448 Le Petit Prince

Le narrateur de l'histoire du Petit Prince est un aviateur qui, à la suite d'une panne de moteur, a dû se poser en catastrophe dans le désert du Sahara et tente seul de réparer son avion. Réveillé par une petite voix qui lui demande de dessiner un mouton, il fait la connaissance du Petit Prince qui, en temps normal, vit sur une autre planète. Ses activités consistent à ramoner les volcans, à couper les baobabs et à contempler le coucher de soleil. Il décide un jour de quitter son astéroïde et d'aller explorer les étoiles, afin de faire des rencontres.

- présent de l'indicatif
- préposition et infinitif du verbe
- accord du verbe : sujet *qui*

449 La Laponie

- imparfait
de l'indicatif

- accord
des adjectifs
qualificatifs

Dès la fin du mois de novembre, la magie de Noël envahissait les rues de la ville de la capitale. On y trouvait la maison du Père Noël et l'incroyable bureau de poste où les lutins triaient des milliers de lettres venues du monde entier. La lumière bleutée du ciel donnait aux étendues enneigées des reflets merveilleux. La magie de l'hiver nordique attirait de plus en plus de touristes curieux venus observer une aurore boréale.

450 Le départ   dictée préparée p. 79

- présent
de l'indicatif

- mots
commençant par
ap, ac, af, ef et *of*

Durant toute la matinée, les dockers se sont affairés autour du navire, remplissant les cales de nourriture et de caisses diverses. Maintenant, le paquebot est prêt à appareiller. Tout est paré pour une longue croisière. Les matelots détachent les amarres, l'hélice tourne, l'eau bouillonne, la sirène accompagne le départ. Le paquebot rase la jetée puis gagne la haute mer, alors que les voyageurs offrent un dernier signe à ceux qu'ils quittent.

451 L'Endurance

- présent
de l'indicatif

- a/à

Les jours rallongent et pourtant, la glace a resserré son étreinte. Plusieurs nuits d'affilée, le navire subit de fortes pressions, le plancher se voile, tandis que les occupants, incapables de dormir, écoutent le bois qui craque et dans lequel apparaissent des fissures. Sur le pont supérieur, on a du mal à travailler car le bateau se courbe tel un arc ; des brèches inquiétantes s'ouvrent au sol, tandis que le bois grince et se brise autour des hommes. Les chiens sont terrifiés. Il faut se décider à débarquer.

452 La mer polaire

- présent
de l'indicatif

- accord
du verbe :
sujet éloigné

- et/est

Du côté des pôles, la mer est glacée presque toute l'année et souvent à une très grande profondeur. Parfois les glaces se détachent et voyagent sur l'eau, c'est ce qu'on appelle les banquises. Ces banquises offrent l'aspect le plus merveilleux : elles sont dentelées comme des cathédrales et étincellent à la lumière du jour ou à celle de la lune. Quand ces énormes masses viennent à rencontrer un vaisseau, elles le brisent comme une coque de noix.

G. Bruno, *Le Tour de la France par deux enfants*, Librairie Classique Eugène Belin, 1877.

453 Voyage

dictée préparée p. 80

S'il m'était possible de voir se réaliser un rêve, je choisirais de partir en voyage. Je m'y préparerais longtemps à l'avance dans l'enthousiasme, mais sans hâte ni précipitation. Je visiterais de grandes villes, mais je m'écarterais des sites touristiques pour accéder à des villages si reculés qu'ils sont presque oubliés. Je traverserais des déserts et gravirais des montagnes où il n'y a plus que le vent qui puisse témoigner d'une vie passée. Le cœur un peu gros, la tête pleine de souvenirs, je reviendrais, car il faudrait bien sûr s'y résoudre.

- conditionnel présent
- si/s'y – ni/n'y

454 La montgolfière

Les frères Montgolfier avaient une véritable passion pour les nouvelles machines. Leurs observations leur permirent de confectionner un ballon pour une première expérience. En septembre 1783, un mouton, un coq et un canard furent leurs premiers passagers, le vol se déroulant devant le roi et sa cour. Puis, en novembre de la même année, deux nobles embarquèrent à bord d'une nacelle pour une envolée de dix kilomètres en vingt minutes. Les deux frères devinrent des héros.

- passé simple
- leur/leurs

455 En vacances sur la Lune

Une société cherche actuellement à développer un projet d'hôtel dans l'Espace. Les clients intéressés devraient payer trois millions d'euros pour quatre jours et trois nuits. Ils passeraient huit semaines à s'entraîner sur une île tropicale afin de préparer le voyage. Quatre clients prendraient place à bord de la navette spatiale en compagnie de deux astronautes chargés de piloter. Les clients de cet hôtel verraient ainsi quinze levers de soleil par jour et effectueraient un tour complet de la Terre toutes les quatre-vingts minutes.

- conditionnel présent
- préposition et infinitif du verbe

EXPLOITATION

Aimerais-tu faire partie d'une mission spatiale ? Dis pourquoi.

456 Les jardins japonais

• imparfait
de l'indicatif

• ou/où

• accord
des adjectifs
qualificatifs

Mon plus grand plaisir était de me promener dans les jardins aménagés de manière si artistique. J'aimais la simplicité de ces lieux où les paysages étaient représentés en miniature. Les chemins de graviers ou de sable me conduisaient vers un ensemble de rochers ou vers une petite île à laquelle on accédait par un pont de bois d'où je pouvais observer les carpes aux belles couleurs. Ces espaces étaient clos, cependant les montagnes lointaines participaient à leur beauté.

457 Tombouctou

• passé composé

• accord du
participe passé

• a/à

La rue principale, la seule rue goudronnée, envahie par les sables, est déblayée à longueur de journée. À la limite de la ville, les réfugiés, chassés de chez eux par la sécheresse, sont installés sous des tentes de fortune. Depuis vingt ans, la sécheresse a transformé la terre en désert. Le vent a formé sur le sable de véritables vagues, dures comme des pierres. La végétation a reculé, de plus en plus. Les troupeaux ont été décimés. Les hommes ont commencé à désespérer devant leur avenir incertain.

Achevé d'imprimer en Roumanie par Canale Bucarest
Dépôt légal : 06/2012 - Collection n° 03 - Edition n° 03
11/7526/4